SPIRITUAL HANDBOOK

あなたの運気が変わる!!

スピリチュアルハンドブック

スピリチュアルカウンセラー　山口 彩

太陽出版

この頃、仕事がうまくいかない。

人間関係で苦しんでいる。

恋愛問題で悩んでいる。

なかなか結婚できない。

なんとなく体の調子が悪い。

家族に不幸が起きた。

原因のわからないトラブルが続発する。

不思議な現象が身の回りに起きる。

…その悩み、トラブル、もしかすると心霊現象や霊障かも？


たとえ、霊的なものが原因だとしても、やみくもに恐れる必要はありません。

目に見えないからといって、ただただ恐がっていては、何の解決にもなりません。

スピリチュアルな世界を理解すれば、もっともっと見えてくるものがあるのです。

今まで諦めていた悩みやトラブルが解消することもあるのです。

悩んでいるのは、あなただけではありません。

スピリチュアルな世界を知ることで、もっともっと前向きに希望を持って生きていきましょう。


この本には、霊現象や魔を除ける効力を発揮するように念が込められています。

この本がぜひ、あなたのお役に立てますように。

はじめに

〜正しく本書を使うために〜

〝心霊現象〟に悩んでいるのは、あなただけではありません

近い将来には一般の人でも宇宙旅行ができるようになると言われているほど、飛躍的に進歩した現代。そんな世の中でも、科学では立証できない現象や摩訶不思議な出来事が実際にたくさん起きており、心霊現象と呼ばれるものもそのひとつです。

「足音が聞こえる」「何か気配を感じる」「電気がついたり消えたりする」……。こういった現象は実際に体験した人でないと、なかなか信じられないかもしれません。実際に体験したとして、そのことを家族や友人に訴えてみても、おかしいんじゃないか、夢でも見たんじゃないかと、相手にされなかった人も多いことでしょう。

でも、安心してください。私のところにも多くの方が相談に来られているように、心霊現象で悩んでいる人はこの世の中に大勢いるのです。

病院で「原因がわからない」と言われたことはありませんか？

心霊現象には、「見えた」「聞こえた」というように、実際にわかりやすいものばかりではありません。霊的な現象だとは普通は思いつかないものとして、体や心の不調、仕事や家族間などの人間関係におけるトラブルがありますが、実は霊的なものが作用していたという数多くの事例がありまます。これらは、物理的な現象である〝心霊現象〟と区別され、〝霊障〟と呼ばれています。

例えば、ずっと続いているひどい肩こりや吐き気。病院に行って検査をしても原因がわからず、「精神的なもの」「ストレス」という言葉で片づけられることもめずらしくありませんが、いざ家に帰るとまた同じ症状が出る。そういうときは、浮遊霊や地縛霊などの霊体が原因になっている可能性があります。

また、特に思い当たるような原因がないのに、突然、人と話すことがイヤになったり、訳もなく悲しくなったりという症状から、自分がうつになってしまったのではないかと、心療内科に行く人もいます。突飛な言動が増え、みんなからおかしいと言われ始め、無理やり精神科に連れて行かれる人もいます。こういった場合、病院では、情緒不安定やそううつ、女性なら更年期障害などと判断されてしまい、精神安定剤を投与されます。しかし、元気な体にこのような薬を投与すると、何らかの副作用が出てきます。

実際、相談者の方の中にも、霊的なものが原因だったにもかかわらず、あまりにひどい状態だったので精神科に入院していた人がいます。除霊をすることによって、薬をやめて普通に話ができるようになりましたが、薬の副作用で手が震えるなどの後遺症が1年ほど残りました。何年も飲み続けているると徐々に強い薬を投与されるので、なかなか抜け切れないのです。

もちろん、体や心の不調は、全部が全部、霊的な作用だとは言えません。でも、原因が何も思い当たらない、見つからない場合は、本当に病気なのか、それとも霊的なものが影響しているのか、両面から考えていったほうがいいでしょう。

素人判断、誤った対処法はトラブルのもと

私は霊能者として仕事をしているので、普段から自然と霊体が寄ってきやすい体質になっています。でも、何より大切にしているのは、自分が関わってはいけない霊体にはできるだけ関わらないようにするということ。「成仏したいけど、どこに行けばよいのかわからない」「どうしても恨みを晴らしたい」などと言われても、その希望に応えてあげることはできないからです。

みなさんの中でも、霊体の声が聞こえたり、気配を察知できるという霊感の強い人がいると思いますが、霊に語りかけたり話を聞いてあげる、なんていうのはもってのほか！　この人なら自分のことをわかってくれる、自分の願いを叶えてくれるとしつこくつきまとわれ、思わぬトラブルに巻き込まれかねません。「無視するのが一番だ」ということを、よく覚えておいてください。

怖がらないで！　心霊現象

テレビや映画などでは、さも恐ろしそうに霊体が現れますが、実際のところ、あれほど恐ろしい形相で姿を現すものはほとんどいませんし、人を殺すという力も持っていません。ただ、よほど強い恨みを持つ霊体であれば、自分だけではパワーが足りないから、まわりの不成仏霊を引っ張り込んで複数のパワーとなり、１人を集中攻撃して叩いたり、ひっかいたりすることができます。

霊の世界も人の世界と同じように、きちんと1本の常識があります。そもそも霊体は生きている人間だったのですから、私たちと同じ感情を持っていると考えてください。おもしろ半分に扱ったり、嫌がりそうなことはしないようにすれば、それほど怖がる存在ではないのです。

本書の正しい使い方

私がこの仕事を続けていくうちに、心霊現象や霊障は一般的に理解されにくいものなので、1人で思い悩んでいる方や、体調不良を長年わずらっている方が大勢いるということを知りました。中には、お経をあげれば霊が成仏するのでは？　盛り塩をしておけば現象が収まるのでは？　という誤った思い込みで対処をして、事態を悪化させてしまう人もいます。悪いパワーを持った霊体にはそれに応じた正しい対処法があるのです。

本書ではさまざまな事例に合わせ、家庭でできる対処法を載せています。霊能者など、専門家のところにはなかなか相談に行きづらい、自分で何とか対処できないものか、そんなふうに悩んでいる方のために、この本が少しでもお役に立てたなら……と願っています。

そして、最後にひとつ。それでも現象が収まらない、体調が戻らないなどというときは、素人の力では対処できない強いパワーを持った霊体だということ。そんなときは、迷わず専門家のところへ、相談に行ってほしいと思います。

本書には私の「念」を入れてあります。1冊ずつそれぞれに「念」を込めて送りましたので、この本を手に取ることで、あなたの運気が良い方向に変わると信じています。

この本と出会うことで、少しでも多くの方が今かかえていらっしゃる悩みから解放されますように。そして、これから先、幸せな人生をお送りいただけますように。

スピリチュアルカウンセラー　山口　彩

目次

これだけは知っておきたい！　心霊に関する基礎知識――31

家庭でできる霊障の対処法 ～ケース別・応急処置～ ——— 95

買い物・旅先編

怪しい霊能者や霊感商法に引っかからないための見分け方

“霊能者” と言っても、ひとくくりにはできません。その人が信頼に値する人であるか、きちんと見極めるポイントを知っておきましょう。

✻ 霊能者の能力 ～何が見えるの？ 聞こえるの？～

「霊能者」と聞いて、あなたはまずどんなことを思い浮かべますか？ 「うさんくさい」「あやしい」「こわい」「透視されちゃう」……そんなマイナスイメージを持っている人が多いのではないでしょうか。実際、霊能者に会ったことのある人もない人も、自分によほどの実体験がない限り、「霊」という存在をなかなか理解できないのも無理はありません。

でも、ちょっと思い出してみてください。誰もが、今まで生きてきた中で、ひとつやふたつ、不思議な体験をされたことがあると思います。たとえ自分自身になくても、家族や親しい友人がそういう体験をしたという話を聞いただけでも構いません。そんなふうに思い返してもらえれば、「霊」という存在がとても身近に感じられるのではないでしょうか。

とはいえ、自分が見えないものを信じろというほうが難しいことなのですから、霊能者が普段から一体どのようなものを目にし、聞いているのか、ここでちょっとお話ししておきましょう。

まずは、霊能者が見えるものに、映像や文字があります。映像については、カラーだったり、ボワーっとした白や黒い影のように見えますが、亡くなった直後の霊体は鮮明な形と色なので、一見、生きている人と何も変わったところはありません。ただ、普通の人では絶対に立てないようなところに立っていたり、生きているオーラが感じられないので、「あぁ、あれは霊体だ」と判断できるのです。

少し前に、ブルース・ウィリスが主演した『シックスセンス』という映画を見たことがある人は、あの中の霊体の映像を思い浮かべてもらえればわかりやすいでしょう。中には、ちょっとこわい姿で現れる霊もいますが、ほとんどの霊体は生きている人と特に何も変わらない姿をしているのです。

見える文字というのは、頭の中で言葉を解読するような感じですね。外国の幽霊と話ができるのかという疑問もあると思いますが、外国の霊体とでも、解読された文字や映像など、自分の中で把握できるものとなって、頭に入ってきます。ちょうど外国人としゃべっているときに、自分の頭の中でひとつひとつの単語を日本語に置き換えている感覚とよく似ており、言葉の問題はありません。

聞こえてくる声は、現実社会と同じでさまざま。普通に話しかけてくる霊体もいれば、時には泣き声であったり、怒鳴り声であったり。普段から頻繁に霊体と話をしている霊能者には、現実の社会と同じように聞こえているのです。

霊能者は、他の人には見えないものが見える、聞こえるというだけで、普通の人と何も変わりません。彼は絵がうまい、彼女は歌がうまいという、個人の才能や能力と一緒なのです。

✼信頼のできる霊能者、信頼のできない霊能者

では、実際に霊能者のところへ相談に行こうと考えたとき、「自分がだまされるんじゃないか」と、みなさん、不安に思われることと思います。霊感商法という言葉があるように、霊能者の中には確かにタチの悪い人もいます。

最近よく耳にする話では、相談に行った霊能者が相談内容とは関係なしに「住まいが持ち家かどうか」を聞くことが多いようですが、本来、霊視ができるのであれば、そんなことをわざわざ聞かなくてもいいはずです。持ち家というと、除霊料がグーンと跳ね上がり、払えないと断ると、「帰宅時に事故に遭う」だとか、「家族が死ぬ」と脅されるパターンもあるようです。

また、「子どもが精神的に落ち着かないのは先祖がやってきたことが原因だから、あなたの全財産である宝石を捨てなさい」と言われた人もいました。その方は、指定された日時に、ある海の岩の下に向かって落としたそうです。これは、明らかにその霊能者が下で受け取っていると考えてよいでしょう。もし、宝石が良くないものであれば、普通は清めて使えるようにするので、日時指定で捨てさせるようなことは絶対ありません。結局、この方は総額1000万円近くの被害を被ったことになります。

もちろん、受けるのは金銭的な被害だけではありません。実際には土地だけを清めれば良かったのに、親が娘をあちこちの霊能者に連れ回したことで、「ネコが憑いている」とか、「キツネが憑いている」と言われ、逆に悪霊を呼び寄せてしまったケースもあります。

霊能者によるこのような被害はあとをたたないのですが、みなさんに気をつけてほしいのは、『自分の感覚を大事にしてほしい』ということです。話を聞いていて、「うーん」と疑問に思ったり、「何かあやしいなぁ」と思ったならば、とりあえずその日は帰ったほうがいいでしょう。少したって冷静に考え、やっぱり言われたことは当たっていたと思ったのなら、信頼のできる霊能者だといえると思います。

✖相談に行ったら、自分のことはできるだけ話さないで！

霊能者への相談方法としては、まず自分のことを必要以上に話さないことが鉄則です。緊張していることもあり、誘導尋問のような形で引きこまれ、探られていることを話してしまう人が多いようですが、聞かれたことのみを答えるようにしてください。

例えば、やせている人に向かって、「体が弱いですね」「風邪を引きやすいですね」というのは、当然当たる確率が高くなります。相手に与える情報が多いほど、相手の言っていることが当たっていると、だまされてしまう危険が高くなるのです。

特に、自分が切羽詰っている状態で相談をする場合は、注意が必要です。始めから全面的に霊能者を信用するのではなく、家に戻って冷静に考えてから判断をするように心がけてください。話をした中で、5～6割程度なら普通の人でも当たるもの。8～9割以上を当てないと霊能者とはいえないので、これをひとつの目安とすると良いでしょう。

1回の相談だけですべてを解決しようとせず、数回通って、この人の言うことは納得できると思えば、除霊を頼んでください。お金がかかることですから、慎重になることが大切です。

✖ 安くはない相談料を自分の中でどうとらえるか

少し極端な言い方になりますが、１０００円の壺が１００万円で売っていたとしても、買った人がそこに１００万円の価値を見出しているのならば〝その価値がある〟と、私は思っています。あなたがその霊能者を信頼してお金を払ったのなら、「私はこれだけ払ったのだから、絶対に良くなる、良くなってやる」と強く思うことが大切です。「病は気から」という言葉と同じで、自分が強く願うことで、確実に良い気が入り込み、状況は好転するのです。

自分がこの仕事をしているから言えることですが、霊能者には事故死や急死、ガンなどで早く亡くなる人が多くいます。霊に関わる仕事をすると、人間ができることの域を超えたことをするわけですから、憑依されたり、精神的におかしくなってしまう人もいます。

また、毎回除霊に成功できるわけではないので、この状態で自分が肩代わりし、どれくらいのリスクがあるか、霊能者それぞれが自己判断をし、金額を決めているのだと思います。

実際、私も40℃の熱を出すのは日常茶飯事で、仕事を始めたばかりのころは、霊感のパワー配分ができなくて、髪の毛がすべて抜け落ちてしまったことがありました。

もし、あなたがいったん霊能者に頼んだのなら、きちんと指示に従ってください。必ず状況は良くなるはずです。自己判断はすごく怖いもので、面倒だから……と、1日で指示されていたことをやめてしまったりすると、状況がひどく悪化することが多いのです。これは、寝た子を起こしておいて、放っておくようなもの。

まずは、その選択をした自分自身を信じ、「絶対に良くなる」と信じてください。信じなければ、どんな優秀な霊能者であれ、その力は半減してしまいます。

SPIRITUAL
HANDBOOK

これだけは知っておきたい！心霊に関する基礎知識

数に差はあっても、実際、霊はどこにでもいる身近なもの。基本的なことさえ知っておけば、むやみに怖がる存在ではないのです。

✖霊体には『浄化されたもの』、『浄化されていないもの』の2種類がいる

人間は誰でも死ぬと霊体になり、肉体の持たない、いわゆる〝魂、思念〟だけの存在となります。そして、自分自身で「死んだのだ」と理解できたら、ご先祖様やその人の守護霊が迎えにやってきて、魂が集まる場所に連れて行ってくれるのです。霊体は浄化されるためにその場所に行くべきであり、現世に残ったままではいけません。

亡くなった直後の霊体は、「あれもしたかった、これもしたかった」という欲を徐々に捨て、「あんなことされて頭にきたけど自分は死んじゃったのだからもういいか」……と、現世での自分の荷物をひとつずつ軽くしていきながら、魂の集まる場所へと上がっていかなければいけないのです。

仏教の世界では、葬儀のあとに四十九日、百か日などの法要がありますが、これが霊体にとって現世への思いを断ち切る期間になっています。その後、きちんと浄

化された霊体となって、あとに残してきた子孫を守ることができるようになります。

反対に、強い恨みを残したまま亡くなったり、幸せに生きて亡くなったとしても、残される子どものことなどで現世に強い思念が残ると、浮遊霊や不成仏霊、地縛霊となってしまいます。これらの霊体は同じような浄化されていない霊たちのさまざまな誘惑によって悪い霊体エネルギーとなったり、中にとり込まれて、魂の集まる場所へと行けなくなります。

人間と霊体は、共存することができません。結局は、人間にも霊体にも負担がかかり、どちらにも良くない状況になってしまうのです。

このように、霊というものは決してひとくくりにはできず、浄化されたものと浄化されていないものの2種類の霊体が存在するのです。

霊が現れる仕組み

夢枕に亡くなったおばあちゃんが立っていた……などという話はよく聞きますが、これはその人を守っている守護霊が、「事故に気をつけてほしい」など、その人に何かを伝えたいがために、夢に現れて注意を引くという現象です。

こういった強く伝えたいことがある場合、霊感が強い人であれば、「何かいるな」と感じることができます。それ以外は、浄化されている霊体は呼ばない限り出てくることはありません。イタコと呼ばれる霊と会話ができる人や霊能者は、その霊を呼び出して話を聞くことができます。

逆に、浄化されていなかったり、恨みを持った霊体は、呼ばなくても勝手に集まってきたり、人にとり憑くなどの悪事を働きます。自分にまったく関係のない霊体が近くにいる場合は、突然、具合が悪くなったり、耳鳴りが起きたりすることがあります。ホテルの部屋に入ったとたん、寒いわけでもないのに体の芯から震えたり、熱があるのかと思って計ってみてもなかったり……という症状が出た場合は、その場に浮遊霊がいることが考えられます。

また、病気などではなく、突発事故で亡くなった場合は、自分がすでに死んでいるということが理解できない霊体もいます。その場合、霊体は「家に帰らなきゃ」とまず考えます。でも、亡くなったことを理解できていないと、長い距離を移動することができません。結局、「どうして家に帰れないのだろう」とあたりをウロウロして、その場所に縛りつけられた地縛霊となってしまうのです。まっすぐな道なのになぜか事故が多発する場所は、この地縛霊の存在が挙げられます。

実際に、『男の子が何回も何回も道路を渡ろうとして、車に飛び込んでひかれる』という霊の姿が頻繁に目撃される場所がありました。これは、その道路を横断しようとして事故で亡くなった子どもの霊で、その話を聞きつけてつらくなった両親が、その子の名前と「もう死なないで」と書いた看板を道路に立てて供養したら、現れなくなったそうです。男の子は、家に帰らなきゃ、帰りたいという思念だけで動いていたのでしょう。「あなたは死んじゃっているんだから、もう帰れないんだよ」と、わからせてあげることで浄化させることができたのです。

✻中途半端な知識でお経を読んではいけない！

浄化されていない霊体は、さらに2つに分けることができます。「自らの浄化を願う霊体」と「願わない霊体」の2つです。

例えば、「何かがいる気配がする」というとき、中途半端な知識だけでお経を読んでしまうと、まだ浄化されたくないと思う霊体は寄ってきませんが、浄化されたい霊体は早く成仏したいために、どんどんと集まってきてしまいます。その映像を具体的に言葉にするならば、目の前に霊体がズラーッと並んで順番待ちをしているというような、とんでもない状態！

お経を読んだ本人に霊的な知識がないと、その霊たちを成仏させるだけのパワーがありません。霊体自身に悪意はないけれど、何体も集まることでエネルギーがパワーアップしてしまうので、お経を読んだ自分がかえって苦しくなってしまい、眠いのに眠れない、ひどい頭痛がする、吐き気が続くなど、霊障の起きる危険性があります。くれぐれも中途半端な知識でお経などは読まない方が良いでしょう。

これもよくあることですが、旅先などでは疲れているから、普段は見えないものが見えたり、聞こえないものが聞こえたりしやすいものです。もし旅行先のホテルの部屋などで、「何かいるな」とわかったならば、「自分はあなたに何もしてあげられないから、ついてこないでくれ」と強く念じることが一番。あとは、「南無妙法蓮華経」という単語だけを繰り返し唱えていれば良いでしょう。

なぜ「南無妙法蓮華経」という言葉を唱えるかというと、お寺のご住職が唱える言葉だから、「安心感がある」という意味です。しかも、この言葉の意味を把握している人はあまりいないでしょう。へたに意味がわかっていて唱えたりすると、逆に霊が助けてほしいと寄ってきてしまうので使うべきではありません。言葉の意味を知らずにただ心を落ち着かせるために唱えるというのであれば「南無妙法蓮華経」などはすぐ口をついて出てくる言葉なので唱えやすいという意味です。

唱える言葉は、「近寄らないで」「お母さん助けて」など、実はどんなものでも良いのです。「本当に怖いから近寄らないで」と強く念じれば、霊は離れていきます。自分が言っていて一番安心できる言葉を唱えれば良いでしょう。

霊体の好きな場所

霊は、ジメジメと湿気が多く、薄暗くてヒヤーッとしたところを好みます。よく幽霊が出るとウワサされるような廃屋や廃校は、まさに霊が好む場所だと言えるでしょう。水もあり、人がいなくて静かだし、誰も入ってこないから霊体は住みやすいのです。

その場所で霊はいったい何をしているのかというと、生きていたときとまったく同じ。ただし、霊体はご飯は食べないし、寝ることもありません。部屋の中を行ったり来たり、1階から2階へとウロウロしているだけ。知っている人に話しかけたり、まとわりついたりしています。家の中で自殺をした霊なら地縛霊となって、家の中に縛られてウロウロしています（動ける範囲は100メートルくらい）。

霊たちは、その場所を自分の家や学校、病院だと判断しているので、そこに知らない人が入ってきて騒いだりすれば怒ります。これは、生きている私たちにとっても同じですよね。自分の家に勝手に入ってこられれば、誰でも困惑するし腹を立てるからです。

成仏していない霊体には、行く場所がありません。この世にあまりに強い思念を残しているので、魂の集まる場所へと導く霊体が迎えに来てくれず、どのようにすれば浄化されて上へ上がっていけるのか、霊体自身にもわからないのです。それで、このような場所に住み続けてしまうのです。

ほかにも、霊体にしか見えない「霊道」、「霊線」と呼ばれる場所があります。これは霊体専用の歩道のようなもので、複数の霊体がよく目撃される場所というのは、霊道や霊線である可能性が高いと言えるでしょう。もともとそうであった場所以外にも、突然、霊道ができることがあります。例えば、その家に赤ちゃんが生まれたとき。赤ちゃんというのは、生まれたばかりなので汚れておらず、「霊的なパワーが強い」と言われています。その影響から、霊道がはっきりとしてしまい、いろいろな霊体が集まってくることがあります。

また、お化け屋敷も霊体が集まりやすい場所です（霊は薄暗くてヒンヤリした場所を好むからです）。そもそもお化け屋敷は、遊園地などで遊び心で作っているものなので、その手の施設を霊的に良くない土地に建ててしまった場合、おかしな現象が起こりやすくなります。建てる前にお祓いを必ずすることが肝心です。もしお祓いなどせずに建ててしまうと、ヘンにおどろおどろしくされたり、実物とはかけはなれたような姿にされるため、霊体が見世物にされたと感じて怒るのです。

✖ 霊よりもっとコワイのは生き霊だ！

実際に生きていてその場にいるはずのない親が、遠く離れて暮らす子どもを死の淵から助け出したという実例があるように、生き霊が人を守ることはあります。でも、一般的には、守るというより、怨みを持っている生き霊のほうがはるかに多いでしょう。

霊体は実体がなく魂だけの存在ですが、生き霊というのは実体があるのに魂だけが抜け出た状態。実体があるだけに、霊体に比べると怨みのパワーは非常に強く、本人が意識していなくても生き霊になってしまうので、とても厄介なものなのです。

実際、こんな話がありました。

ある女性が、「半年ほど前から体調が優れず、イヤなことばかり続き、部屋に１人でいると誰かに見られているような気がしてならない」……という相談に来ました。さっそく霊視をしてみると、彼女の後ろに黒い影のようなものが見えました。さらに続けると、影はだんだんとはっきりした女性の形になり、怨みに満ちた目で彼女をにらみつけているのです。その霊は、亡くなった霊体とはパワーやオーラが違い、明らかに生き霊だとわかるものでした。

彼女に心当たりはないかと話を聞いてみると、「昔つきあっていたカレとは不倫の関係だった」とのこと。ただ、「そのカレは離婚をしたのでそのままつきあいを続けていたが、結局5〜6年前に別れ、元妻のほうも再婚して幸せになっているはずだから、今も怨んでいるとは思えない」と答えました。でも、実際には、その生き霊は元妻のものでした。

生き霊というのは、その瞬間の気持ちの中から生まれるだけではありません。当時の強く怨んでいた憎悪の気持ち、思念だけが何年も残ってしまい、人につきまとう場合があります。元妻も自分が生き霊を放っているとは夢にも思わないですから、下手に除霊をすると、怨まれているほうも怨んでいるほうにも大変なダメージを与えます。亡くなった霊体ではないので、塩やお札でいくら清めようとしても効かず、余計に状態が悪化してしまうことがあるのです。

一般の人が、生き霊に対処するのは不可能です。思い当たることがあるのなら、とりあえず霊能者に相談してみてください。対処法を教えてくれるでしょう。そして何より、「人から強く怨みを持たれるようなことはしない」というのが生き霊を作り出さないことにつながります。

とはいえ、生き霊よりコワイのは人間。よっぽどのことがない限り、霊体が人を殺すことはありません。人間のほうが、霊体よりもはるかにエネルギーがあり、実体もあるのだから、何倍、いや何十倍もパワーが強いということを覚えておいてください。いずれにしても、人に怨みを持たれるようなことはしないということが大事です。

霊感がある人はこんな人が多い

私の場合、言葉がしゃべれるようになった2～3歳くらいのころから、霊が見えていました。おもちゃのような遊び道具はいらず、壁に向かって何時間でも話しているような子どもだったそうです。小さなころから霊感があった人のほとんどがそうだと思いますが、私もやはり周囲からは変わり者だと思われていました。でも、成長するにつれ、ほかの人には見えない聞こえないというのがわかってきて、ある程度の年齢になると霊的な言動はおさえるようになりました。

子どものころは、母親から、「周りにおかしい人だと思われるから、ヘンなことを言うのはやめなさい」とよく注意されたものですが、私の霊感は母親譲りでした。母親の血筋には代々霊感のある人が多いので、遺伝的なものが多く左右されていると言えるでしょう。

ただ、霊感がゼロという人はいません。生涯この能力が眠ったままの人もいれば、何かの拍子でポンと出てくる人もいます。事故で死にかけたり、病気で臨死体験をするなど、生死に関わる体験をすることで、霊感が出てきたという人は多数います。特に女性は、結婚して姓が変わったり、出産することで、霊媒体質になる人が多いようです。逆に、出産したことで子どもが霊感を引き継ぎ、自分はまったくなくなってしまったという人もいます。

また、生まれつき視力がないと聴力が異常に発達したり、事故で手や足を失ってしまうと、見えないものが見えるようになったりすることも多々あります。これは、霊感が、視覚や聴覚、触覚と同じような力の一種で、ある一つの力が欠けると、人間の体はそれ以外の能力で五体満足に近づくように補われる仕組みになっているからではないかと思います。

✻ 誰にでも第六感があり、そして守護霊がいる

行きたくないと思っていた先で、案の定トラブルを起こしたり、たまたまいつもと違う道を通ったときに限って痴漢にあったり……。こんな経験を持っている人は、意外に多いのではないでしょうか。

霊感とまでいかなくても、みなさんの体には第六感というものがちゃんと備わっています。ただ、それを使っていない人が多いのも事実。「今日はなんかヤダなあ」「行きたくないなぁ」と思うけど、それがなぜイヤなのかを、みなさんが考えていないだけなのです。でも、そう思うのは、守護霊から何らかの啓示が出ているということ。この啓示にきちんと耳を傾けていれば、その感覚は研ぎ澄まされ、磨かれていきます。

これは、霊体に遭遇したときにも同じことが言えます。自分と全然関係がないのに悪意のある霊体がいると、ひどい悪寒がするなど、体に思いっきり拒絶反応が出ます。

このような場合は、とりあえず一度外に出てください。もし体がラクになったのなら、部屋に霊がいる証拠。コンビニに行って、ワンカップの日本酒と粗塩を買って、玄関先にまいてみましょう。その後、家に入っても、寒気がしないのならもう大丈夫。その人に怨みを持っているわけではなく、偶然居合わせた霊体です。

大切なのは、自分の第六感を信じること。どうしても気乗りがしないときは電車を1本遅らす、なぜか具合が悪くて行く気がしないのなら出かけるのをやめるなど、感覚的にイヤだと思ったことはムリをせず、できるだけ避けるようにしてください。あなたがトラブルに巻き込まれないように、守護霊が教えてくれているのですから。

✻ あなたの守護霊は誰？

では、いったい誰が守護霊として自分についてくれているのか、気になるところですよね。実際、私のところへ来る人のほとんどが自分の守護霊について質問されますが、実は、聞く前にわかっている人が大半！　中には思い違いをされている人もいますが、「この人がそうだろうなぁ」と頭に浮かんだ人が、たいてい守護霊としてついてくれているのです。

基本的には亡くなったおじいちゃんやおばあちゃんなど、肉親が多いですが、ご先祖様が大切にしていた神様が守護霊になっていることもあります。それほど多くはないですが、波長の合った他人という場合もあります。とはいえ、全然関係のない人というわけではなく、どこかでつながりがあった人。昔、たまたま話を聞いてあげたり、自分が気がつかなくても何かしらの形で助けたことがあり、あなたに恩義を感じている人です。その人は亡くなったときに恩を返せなかったと悔いが残っているので、その代わりにあなたを守ってあげようと考えるのです。また、守護霊という形ではありませんが、忠誠心があったペットも、あなたの身代わりになったり危険から守ってくれることがあります。

守護霊は1人だけについて守っているとは限らず、3人くらいの別の人についていることもあります。魂には実体がありませんから、同じ霊体が複数の人の守護霊になることもできます。たとえば、おばあちゃんが複数の孫の守護霊になっている場合もあります。

「そのような場合でも守るパワーは同じなの？　力が分散して弱くなってしまうのでは？」

という疑問があるかもしれませんが大丈夫。複数の人の守護霊になったとしても、「大切な人を守りたい」という強い気持ちがあるので、守護霊のパワーが半減するということはありません。

ほかにも、「どちらの道がいいか」と悩んだときに、良い選択に導いてくれる指導霊や支配霊など、１人の人間には約７体の霊体が憑いています。７種類というわけではなく、守護霊と指導霊、支配霊が２～３人ずついて、合わせて７体くらいが憑いているという意味です。

たとえば身近なわかりやすい例でいえば、

「映画に行こうかな、ジムに行こうかな」

と迷ったとき、霊体同士が話し合いをして答えを出しています。自分が何か決断するときは、ジャマが入らない限り、自分の行くべき道、正しい道をちゃんと自然に選んでいるように導いているのです。

ただし、優柔不断な人の場合、力の弱い指導霊が憑いていたりします。こういう人は、ご先祖様に感謝していなかったり、ちゃんとお墓参りをしていなかったり、何か日頃の行いに問題がある人が多いようです。

基本的には守護霊との結びつきが一番強いのですが、こういった指導霊や支配霊といった霊体も何らかのつながりがあって、あなたを危険から守ってくれているのです。

セルフチェック！

あなたの悩み、ひょっとしたら心霊現象や霊障かも？

実際に起きている現象や体調不良、困っていることなどが、霊的なものかどうかを判断するのは自分では難しいものです。まずは、チェックリストで確認しておきましょう。

◆チェック1　身の回りで起きているコレって心霊現象・霊障なの？

◇チェック1（A）

実際に今、あなた自身や家族、友人が悩んでいる現象や体調の変化が、霊的なものなのかどうか、自分では判断することができないという人が多いでしょう。それをこのチェックシートで判断していきます。

次の20の質問にYESかNOで答え、当てはまる質問の数を答えてください。

□　自殺を考えたことがある
□　ボーっとしていることが多い
□　いつも、誰かの視線を感じる
□　頻繁に高熱が出る
□　吐き気がする
□　耳鳴りがする

□ ひどい寒気がする

□ 寒くもないのに震えが来て、鳥肌が立つ

□ 感情のコントロールができなくなる

□ 1人でいたくなる

□ 幻聴のような声が聞こえる

□ ソワソワと落ち着かない

□ 敵意を感じる

□ 熟睡できない

□ 部屋の中で何か音がする

□ 電化製品が壊れやすい（電球の切れが早い）

□ ペットが死んだり、よく病気をする

□ 子どもができにくい

□ 家系の中で、幼くして死ぬ子どもが多い（跡継ぎが育ちにくい）

□ 病院に行っても、病気の原因がわからない

当てはまる質問の数は？

0〜5個だった人

霊が憑いている可能性はありません。あまり気にせず、とにかく前向きに過ごしましょう。

6〜10個だった人

霊障である可能性があります。でも、急を要するとは限らず、一時的なものということも考えられますので、少し時期を置いて、もう一度チェックしてみましょう。

11〜15個だった人

霊障である可能性が高いでしょう。あわてず落ち着いて、心当たりがあるかどうかよく思い出し、信頼のできる霊能者か、心霊に携わる人に相談してください。

16〜20個だった人

霊障である可能性が、極めて高いでしょう。ただちに霊能者への相談、および対処が必要です。くれぐれも、生半可な知識で除霊をしないようにしてください。

◇チェック1（B）　チェックAで、6個以上の質問に当てはまった人は、次の質問にも答えてください。これに1つでも当てはまれば、それが霊障の原因になっている可能性があります。

□　住む場所がこの1年くらいで変わった
□　半年以内に近所で水道工事をしていた
□　お風呂やトイレなど、水まわりのリフォームをした
□　1年以内に、身内の中で亡くなった人がいる

地面を掘り起こすことで、地震のように、霊的なものがちょっと離れたところで噴出するときがあります。また、ある場所を工事することで、別の場所に霊道や霊線が突然でき、ちょうどそのラインにはまっている家に影響が出ることがあります。

懇意にしていた身内の人が亡くなっていたら、「旅行に行こう」など、何か約束事をしていなかったか思い出してみてください。亡くなった人が律儀な人だった場合、「約束していたのに、果たせなくてごめんね」と、話がしたくて近くに来ていることがあります。この場合、具合を悪くさせるつもりがまったくないのに、ただそばにいるだけで体に悪い影響を与えてしまうことがあるのです。生きている人間と霊体の波長が合わないと、拒絶反応が起きてしまいます。また、夫婦だからといって必ずしも波長が合うとは限りません。亡くなった夫が奥さんのところに行くと、決まって具合が悪くなったり、子どもが泣き出したりすることがあります。

こういった悪意のない霊体の場合は、霊能者を通じて伝えたい思いを伝えることができれば、きちんと成仏し、上に上がることができます。

◆チェック2　アナタは霊に憑かれやすいタイプ？

自分がいくら望んでいなくても、霊を引き寄せてしまう「霊媒体質」の人がいます。こういう人は、そばにいると霊にとって居心地が良いので、波長が合えば寄ってきてしまうのです。

また、霊体は、「この人は自分を受け入れてくれるかもしれない」という感覚的な判断は人間よりも鋭く的確なので、自分ではわかっていなくても実は霊媒体質という人もいます。

以下の16項目の質問に答え、自分にいくつ当てはまるかチェックしてみましょう。

□ テレビや映画を見て、よく泣くことがある
□ 短気である
□ 人に頼まれると断れない
□ お年寄りにやさしいほうだ
□ よく本を読む
□ 携帯電話を忘れると不安になる
□ 美術館など、芸術的な場所が好き
□ どちらかというと、だまされやすいタイプ
□ 携帯メールのやりとりが多い
□ 泣いたり、笑ったり、感情の起伏が激しいほうだ
□ 昔の友達とも、結構連絡を取るほうだ

□ 1人でいるより、みんなでワイワイ騒ぐのが好き

□ 「目の力が鋭い」と言われたことがある

□ 左右の視力が極端に違う

□ 両親や祖父母の中で、霊感の強い人がいる

□ 病気や事故で生死の境をさまよったことがある
（または両親や祖父母にそういった経験がある）

当てはまる質問の数は？

10個以上当てはまった人

霊媒体質の可能性があります。

気になる人は、以下の【とり憑かれづらくする方法】を参考にしてみてください。

【とり憑かれづらくする方法はコレ！】

霊媒体質を変えることは難しいのですが、その能力を１００％から10％にすることはできます。また、１００％入られないようにすることはできませんが、入りづらくすることはできます。

一番怖いのは先入観。「お墓に行くとやられる」と思うと、その思いで霊を呼び込んでしまいます。実体験をすると、確かに霊というのは怖いもの。とはいえ、霊のパワーにくらべれば、生きている人間の方が強いのは歴然です。「ついてこないで！」「消えて！」という気持ちが、霊を寄せつけないようにしてくれるので、霊に対しては常に強い心構えをするようにしてください。

なお、以下のアイテムや対処法が、霊に対して有効ですので、実践してみると良いでしょう。

●自分にとって、「これがお守り」というものを決めて持ち歩く
●朝目覚めたときにパッと起きず、ふとんの中でのびを3回してから起きる
（お天気がよければ、ベランダや外に出て、深呼吸を3回する）
●手鏡を持ち歩く
●封筒などに粗塩を入れて、常に携帯する
●旅行やホテルに泊まりに行くときは、経本を持参する
●お墓など霊体が多くいそうな場所では、おなかに力を入れ、きょろきょろせずに歩く

SPIRITUAL
HANDBOOK

家庭でできる
心霊現象の対処法
～ケース別・応急処置～

普段は見えるはずのないものが見えた、聞こえるはずのないものが聞こえた、電化製品がたびたび故障する、ペットの様子がおかしいなど、日常生活の中で心霊現象を体験してしまった場合に有効な「自分でできる対処法」を各ケース別にご紹介します。

case 1

誰かがいる気配を感じる

● **現象**

誰かが、部屋の中にいるような気配を感じる。誰かが、フッと自分の横を通り過ぎるような感覚がある。

● **対処法**

気配の場合、無視するのが一番です。「自分には何もできない、聞こえない」と心の中で繰り返してください。わざわざ声に出さなくても、拒否する思念は霊体にきちんと伝わります。こちらが反応すると逆効果なので、とにかく絶対に相手にしないこと。気配だけの霊体であれば、それほど強い力を持っていないので、あなたがまるで何も感じていないかのように普通に生活していれば、霊体もあきらめていなくなります。

もう一つ考えられる可能性は、あなたに何かを伝えようとして近くに来ている霊体の存在です。最近、肉親や親戚、身近な知人の中で誰か亡くなった人がいる場合は、その人と何か約束をしていなかったかどうか思い返してみてください。でも、こういった種類の霊体は、あなたに危害を与えようとしているわけではないので、特に気にしなくても大丈夫です。

エピソード

Ｊさんの周囲でおかしな現象が起きるようになったのは、３ヶ月ほど前からだった。仕事中や誰かと一緒にいるときは何も起こらないのだが、夜中、自分の部屋で１人になると、誰かの気配を感じたり、話し声が聞こえるのだ。始めは聞き取れないくらい不鮮明な、音とも声ともつかないようなものだったのだが、１ヶ月くらい前から、言葉としてはっきりと耳に届くようになった。

「お前が生きている価値なんか、あると思っているのか」「バカな女は早く死ぬべきだ」「いつまでずうずうしく生きているんだ」「何の役にも立たない無能な人間め」……。

ひどい中傷の言葉ばかりで恐ろしくなったＪさんは、友人に泊まってもらうことにした。しかし、その夜は何も起こらず、こんな毎日を繰り返していくうちに、その〝声〟に洗脳されていくような気がしたという。自分でも、生きる価値のない、死ぬべき人間だと思うようになってしまったのだ。次第に彼女は、友人や彼とのつき合いが楽しめなくなり、食べる気力もなくなった。友人のすすめでカウンセリングに通ってみたが、自分の感情をコントロールできるようにはならなかった。

「霊のせいなのか、自分がおかしくなってしまったのか、もうわからないんです」と、私のところにやってきたＪさんを霊視してみると、住んでいる場所が悪いうえに、彼女自身も霊媒体質であったため、このような現象が起きてしまったということがわかった。

彼女が住んでいた場所は、ずっと昔、権力のある人が罪もない人々を大勢殺した場所のようで、さらにＪさんが霊に敏感な体質なので、彼らの念が声として聞こえてしまったのだ。それが、もともと彼女が持っていたコンプレックスやマイナスの思考を刺激し、霊の負の思考と相乗効果を起こし、おかしくなっていたのだった。

後日、Ｊさんの家を訪れ、土地と部屋を除霊し、彼女を守護してくれている先祖の供養をして、守護力を強化した。その日から、Ｊさんの周囲から〝声〟は消えた。

case 2 テレビで心霊番組を見たあと、なぜかイヤな雰囲気がする

●現象

テレビで、心霊現象や心霊写真などを紹介する番組を見たあと、なぜか部屋の中でイヤな雰囲気がして落ち着かない。もしくは、寒気や吐き気を感じたり、頭痛がするなど、具合が悪くなった。

●対処法

テレビを通してなら、それほど強いものではないので、憑依されるなど、直接的に影響を受けることはありません。サブリミナル効果のようなものなので、一晩寝れば収まります。

こういった番組を見るときに注意してほしい点は、「すごい、すごい！」と、入り込み過ぎないようにすることです。軽いドラマを見るような感覚で、「これは作りものだ」という程度の半信半疑の気持ちで見るようにしましょう。明らかに番組を見てから具合が悪くなり、何だか気になるという人は、ミネラルウォーターがほうじ茶に粗塩を入れて飲んでください。

また、まれなことですが、自殺現場や殺人現場などを扱った心霊番組に関しては、近くにいた霊体が反応して動き出すことがあります。イヤな雰囲気がするようであれば、部屋でお香を焚いて霊体の気持ちを静めてあげましょう。なお、ホラー映画などで、霊体が反応することはありませんのでご安心を。

case 3

足音がする、声が聞こえる、ラップ音がする

●現象

夜中に部屋にいると、歩き回ったり、パタパタと走り回るような足音がする。話し声や泣き声が聞こえる。誰かに話しかけられているような声が聞こえる。ラップ音がする。

●対処法

話を聞いてほしい、さびしいので構ってほしいと寄ってきた霊体の可能性が挙げられます。子どもの霊体なら、遊んでもらいたくてパタパタと周りを走り回り、自分の存在を知らせようとすることがあります。この場合はとにかく、「うるさい！」「来るな！」と一喝してください。言えば、たいていの現象がピタッと収まります。生きている人間と同じで、この人は自分の話を聞いてくれない、受け入れてくれないとわかれば、霊体も自然と離れていきます。間違っても、話しかけに応じるようなことはしないように！

「ここにいてもムダ」「私には何も聞こえない」と強く念じれば、それが霊にも伝わります。

偶然、近くを通りかかった霊体ではなく、その土地や家に憑いている霊体なら、現象が長期間にわたって続く可能性もあります。この現象がしばらく続くと、体調を崩したり、自分がどこかおかしくなってしまったのではないかと1人で考え込んでうつ状態になってしまう人が多いので、その場合は早めに霊能者に相談してください。

エピソード

その日、Aさんは深夜1時過ぎまで、自分の部屋で受験勉強をしていた。ふと気づくと、部屋のあちこちから、パチパチという破裂音が聞こえる。Aさんは家なりだろうと思い、また勉強を続けようと、机の上の単語帳に目を落とした瞬間、タッタッタッタッ……。

気のせいではない。確かに足音が、自分のうしろを左から右へと駆け抜けたのだ。意を決して振り返ったが、誰もいない。急いでテレビをつけ、寝ている両親のところに行ったが相手にされず、その日はテレビをつけっぱなしにして寝ることにした。

しかし、その夜の出来事は気のせいではなかった。その後の3日間、足音はAさんの背後を走り回ったのである。そして、3日目の夜。その日もAさんは夜遅くまで勉強をしていたが、ラジオをつけ、足音が気にならないように意識的に問題集に集中した。数時間、勉強はスムーズに進んだが、疲れで集中力が途絶えたとたん、また、「タッタッタッタッ」と聞こえてきた。前日までは左右にしか動かなかった足音が、一歩一歩大きくなり、近づいてくる！　止まった！　足音の主は、自分のすぐうしろにいる……。

Aさんが硬直したその瞬間、耳元で「ふふふふ」という声が聞こえた。Aさんがイスから飛びのきながら振り向くと、そこには赤い着物を着たおかっぱ頭の女の子が笑っていたのだ。

「ギャーッ！！！！」

叫び声と同時に、女の子は影となって消えた。

「どうしたの!?」とあわてて部屋に駆け込んできた両親に、たった今、見たことを説明したが、「勉強のしすぎで神経質になっているのよ」となだめすかされ、眠らせようとするだけだった。その後の1週間、Aさんは恐ろしさのあまり、眠れない日々が続き、みるみるうちにやせてしまった。

そして、友人のすすめで、見るからに疲れきった形相のAさんが私の相談会へとやってきた。何も言わないAさんに、「誰も信じてくれないんでしょう? でも、あなたには見えているのよね。短めの赤い着物を着たおかっぱ頭の女の子でしょ?」と私が告げた途端、Aさんは目を見開き、安堵の表情を浮かべた。Aさんはこの2週間、誰に言っても信じてもらえなかったため、本当に自分がおかしくなってしまったのではないかと思っていたそうだ。

その赤い着物の少女は、自分の存在をAさんに知らせたいために現れたようだ。Aさんの家がある場所は、昭和初期、大きな台風に見舞われた土地だった。その日、少女は両親の目を盗んで、いつもとは様子が違う河原を見たくて遊びに来ていたが、突然防波堤が決壊して川が氾濫し、アッという間に少女は濁流に飲み込まれてしまったのだった。

日を改め、Aさんの家へ行き、部屋のたんすの上に子どもが好きそうなお菓子を供え、霊の浄化を行った。それ以降、足音やラップ音は聞こえなくなり、霊の姿も消え、Aさんは安心して眠れるようになったという。

case 4

いつも視線を感じる

●現象

最近、部屋にいるとき常に誰かに見られているような気がする。視線を感じ、ハッとうしろを振り向くようなことが多くなった。

●対処法

あまり長く続くようなら、1日に1回、部屋の中でお香かお線香を焚いてください。生きている人間と同じように、霊体もお香やお線香の香りを嗅ぐことで、気持ちを静めたり、怒りを和らげることができます。また、これらは煙とともに上に上がれという道しるべとなったり、霊体の食事になるとも言われています。

そして、焚くときは、「ずっとここにいても、私には何もできないよ」と考えながら火をつけてください。持久戦ではありますが、徐々に霊体はあなたの元から離れていきます。

case 5

寝苦しい夜が続く

●現象

寝汗がひどい。視線や気配を感じて眠れない。起きたあとにグッタリした異様な疲れが残っている。眠りが浅くすぐに目覚めてしまうなど、原因がよくわからないのに寝苦しい夜がずっと続く。

●対処法

のどの渇きを訴えている霊体の存在が考えられます。中途半端な知識で塩をまいたり、盛り塩をすると、状況が余計に悪化するので気をつけてください。

この場合は、玄関とベランダに、グラスに入れた水を置いてください。できれば、水道水よりも浄化の力が強いミネラルウォーターや天然の湧き水を使いましょう。ただし、ずっと置きっぱなしにするのはいけません。もし夜置いたなら、翌日の朝、普通に排水口に流して捨てるようにしてください。

ほかには、お香やお線香を焚くのも良い方法です。香りや煙は部屋全体に行き渡るようになっているので、寝室の中であればどこで焚いてもＯＫ。霊体の殺気立った気持ちを静めたり、魂が上へ上がるための道しるべの役目を果たすと言われています。

case 6 電気やテレビが突然ついたり消えたりした・電化製品が壊れやすい

●現象

部屋の電気が突然ついたり、消えたりする。電球が古いわけではないのにパチパチと点滅する。新しい電球に変えても、すぐ切れる。テレビが突然ついたり、消えたりする。買って間もない電化製品がなぜかすぐに壊れるなど、電気系統の故障が頻繁に起きる。

●対処法

霊体はエネルギー体であるため、近くにいたり、通ったりすると、エネルギーを発生させる電気系統がまず反応し、調子がおかしくなることがあります。電気系統に影響を与えられる霊体というのは、強いパワーを持っていることが多いので、できるだけ霊能者に直接相談して、対処法を聞くことをおすすめします。

取り急ぎ、現象をおさえたいという場合は、まず、ベランダに浄化作用が高い日本酒と粗塩（人口調味料ではないもの）をまいてください。ベランダがない場合は部屋の四隅や、玄関や窓の両端に2つずつ小皿を置いて、盛り塩をしましょう。このとき、決して手を合わせたり、成仏を願わないことが肝心。霊体にとって居心地が良くなるので、逆に居すわってしまうからです。

しばらくはこの方法で様子を見て、現象がおさまったら盛り塩はすぐに片づけるようにしてください。霊が中に入り込むと、塩は力リカリに固まりますが、塩の形をしているので浄化してほしいと願う霊体がその後も集まってきてしまうのです。ですから、固まったものはできるだけ早く捨てるのがポイントです。

本来は川や海に流すものですが、塩の中に入っている霊体はすでに浄化されているので、水道で流すだけで大丈夫。気持ちが悪いようであれば、そのまま捨てても構いません。盛り塩がカチカチに固まった状態のまま置いておくのが、一番良くないので、十分に気をつけてください。

エピソード

Ｋさんは霊の存在についてあまり考えたことのない人だったが、新しい家に引っ越してきてから、その考えを根底から覆すような出来事に遭遇した。それは、引っ越してきてから１ヶ月ほどたった日のことだった。

Ｋさんは夜中、テレビの音で目が覚めた。リビングへ行ってみると、消したはずのテレビがついていた。その後、何日も同じことが続いたために、その日は寝る前にコンセントを抜いておいた。

しかし、深夜１時を回った頃だろうか。Ｋさんはこの日もまたテレビの音が聞こえ、目を覚ましてしまった。彼女は夫を無理やり起こし、コンセントを抜いたはずなのに絶対におかしい……という話をしていると、２階から「ママー！　ママー！」と子どもたちがバタバタと降りてくる足音が聞こえた。

あわててＫさんが廊下に出ると、６歳と４歳の子どもたちが怯えきった表情で、「ママ、怖い顔のおじさんがいるの！　一緒に寝て！」と泣きじゃくっている。Ｋさんが子どもたちを寝室に連れて行こうとすると、ようやく夫が起きてきた。

「まったく毎晩毎晩、何なんだ」

４人は夫を先頭に、テレビが置いてあるリビングへと入った。すると、やっぱりテレビがついている。コンセントは抜けているというのに……。Ｋさんと夫は、子どもを抱えて一目散にリビングから飛び出し、寝室へこもった。

「何なんだよ、あれは……」

夫は明らかに、混乱していた。Kさんはさらに、「実は今日、暖房を切って出かけたはずなのに、家に帰ってきたらついてたのよ。出る前に、切ったかどうか2回も確認したはずなのに」と、昼間に起きたおかしな出来事について も、夫に話した。

この1件で、私が霊視をすることになったのだが、どうやら、この土地は古い昔、幾度となく戦場になったところで、たくさんの武士が死んだ場所のようだった。強い怨念を持ちながら死んでいった霊が、その土地全体にたくさんいた。そして、Kさんがたまたま霊を呼び込んでしまう霊媒体質であったため、周囲に散らばっていた霊が終結してしまったようなのだ。


除霊が必要なのかとすっかり怯えているKさんに、私はこう話した。

「実は、こういった霊は世界中にたくさんいるんですよ。土地全体に何体いるかもわからないぐらいなので、人間である私がそれを一つ一つ浄化していくことは不可能なんです。むやみに怖がらず、それぐらいの霊の存在は当たり前なんだと思ってください。とにかく、集まってしまった霊体は元の場所に戻して、家に結界を張りましょう。それで元の生活に戻れますから、安心してください」

以降、Kさんの家で異常な現象は起こらなくなった。あれほど怯えていたKさんや子どもたちも、今ではすっかり霊のことを忘れて元気に生活しているそうだ。

case 7

金縛りにあった

●現象

寝ているとき、突然、金縛りにあって体が動かなくなった。また、頻繁に金縛りにあうようになった。

●対処法

金縛りには、霊的な影響で起きる場合と、単純に疲れていて筋肉が一時的に固まってしまう場合があるので、良く見極めることが大切です。

とにかく、金縛りにあったら、パニックにならないこと！　あわてず騒がず、深呼吸をするように心がけてください。おなかいっぱいに空気を吸い込んで、長く息を吐きます。

体がまったく動かないという場合なら、深呼吸をしているイメージを頭の中に浮かべると良いでしょう。悪い気を外に出し、良い気を体の中に入れるようなイメージで行ってください。そうすることによって気の流れが変わるので、金縛りが解けやすくなります。

case 8

ペットが何もいないところに向かってよく吠える

●現象

飼っている犬や猫などのペットが、誰もいない場所に向かって吠えたり、飛びかかるなどの威嚇行動をとる。

●対処法

動物は、人間よりも嗅覚や臭覚、視覚などが非常に優れていることもあり、見えないものが見えたり、聞こえないものが聞こえたりと、かなり鋭い霊感を持っています。さらに、従順なペットは飼い主を守ろうとする意識が強いので、人間には見えない霊体が見えていることが多々あるのです。それで、吠えたり、飛びかかったりするなどして霊体を威嚇しているのですが、人間の目には、何もないようなところでなぜ吠えているのかという不思議な行動に映るのです。

霊体は動物をあまり好まないので、威嚇されたら逃げていきます。ペットが守ってくれているのですから、飼い主が特に何らかの対処をしなくても大丈夫です。

case 9

おかしなことを言ったり、奇妙な行動を取る

●現象

おかしなことを話したり、意味のわからないようなことを叫ぶ。四つんばいで歩いたり、床をはうといった動物のような動きをする。

●対処法

動物霊が憑くと、こういった現象がよく起こります。例えば、キツネやネコが憑くと、四つ足で跳ねたり、背中を丸めて威嚇し、ヘビが憑いたときは床に腹ばいになってくねくねと動き出したりします。

不可解な行動をとるときは、本人に意識があるのに体だけが勝手に動く場合と、完全に無意識な状態の2通りがありますが、食べ物の好みが変わっているようであれば注意が必要。今まで嫌いだった牛乳をすごく飲むようになったり、生玉子をいくつも丸飲みしたり、生肉を食べるようになる人もいます。

考えられる原因として一番多いのは、ご先祖様がむやみやたらと動物をいじめていたり、殺してしまっていたことです。その人に直接たたらなくても、何代かあとの子孫の中で波長が同じ人がいれば、「こいつだ!」と勝手に思い込まれ、とり憑いて憂さ晴らしをされるのです。

子孫が動物好きで、ネコなどを飼っていたとしたら、飼いネコがみんな早死にしてしまうといった現象が起きる可能性もあります。飼うペットがいつも早死にするという家庭は、

先祖の影響を疑ったほうがいいでしょう。

動物霊はいったん憑いてしまうと、正直なところ、一般の人ではなかなか対処できません。さすがにこの言動はおかしいだろうと思ったら、迷わず霊能者に相談するようにしてください。たとえ動物であっても、霊能者は感覚や映像で感情を読み取るので、話をすることができるのです。

エピソード

　ある夏の暑い日、私にかかってきた電話を取ると、「先生、助けてください」とひどく混乱した状態で女性がいきなり話し始めた。ひどく脅えているようで、自分の名前さえ言わなかった。

「キツネとヘビの霊がたくさんいるの、私を殺そうとしているの！　もうどうしたらいいのかわからないんです、寒いよ……。ああ、また来る！　苦しいよう先生、早く助けて！」

　その女性は「また連絡する」と言って、一方的に電話を切ってしまった。かなり心配な状態だったが、名前も連絡先もわからず、待っても待っても連絡がないのであきらめかけたころ、１組の夫婦がやってきた。私はその夫婦にお茶をすすめながら、先に話を切り出した。「先日こんな電話があったんですけど、お嬢さんではありませんか？」

　夫婦はその言葉に驚きもせず、逆に安心したかのように今までの経過を説明してくれた。娘のSさんの様子がおかしくなって10年。変化が起こったのは、高校2年生の秋だった。家に閉じこもり、一日中部屋の隅で毛布にくるまっている。心配して電気をつけると、恐ろしい形相で飛びかかってくるのだそうだ。意味のわからないことを叫びながら、外に走り出していったことも何度かあったという。そんな状況が長く続いたため、彼女は高校を卒業することができず、近所の噂に耐え切れなくなったほかの兄弟たちは家を出ていってしまった。精神科に連れて行ったこともあるが一向に良くならず、その後、3人の霊能者に相談したが余計に症状が悪くなっているようで、もうお金も使い果たしてしまったという。

後日、私はSさんのお宅に向かった。部屋は暗く、夏だというのにストーブがついている。電気をつけて彼女の姿を見ると、脅えたような表情でブルブル震えながら毛布にくるまっていた。除霊が終わるころには、Sさんは眠ってしまっていた。本人の言うとおり、複数の動物霊がとり憑いていたが、複数体が憑いたのは最近のことのようだった。

高校2年生当時、彼女には1匹のネコが憑いていただけだった。おそらく、家族の誰かが車でひいてしまったのではないかと聞くと、父親が身を乗り出し、覚えがあるという。

「でも、それじゃあどうして他の霊まで憑いてしまったんでしょうか?」

どうやら、過去に相談にのってもらった霊能者にも責任があるようだ。キツネの霊が憑いている、ヘビの霊が憑いていると言われ、そう思い込んでしまったSさんにそれらの霊を呼び込む波長が生まれ、本当に憑かれてしまったのだ。さらに、Sさん自身の心にある恐怖が動物霊の仕業ではないものまで妄想で作り上げ、怖がっていたのである。大金をはたいて事態を悪化させていたとは……。

今さら嘆いてもSさんの10年は戻ってこない。言われたことを安易に信用しきってしまうことがいかに危険なのか、私は時間をかけて夫婦に説いた。

Sさんは翌日、会話ができるまでに回復し

た。ただ、いったん広まってしまった噂を消し去ることは難しく、一家は別の場所へと引っ越していった。数ヵ月後、Sさん本人から「就職先が見つかった」と電話があり、これからは夜間の高校にも通うつもりだと元気に話してくれた。

case 10 夜道を歩いていると足音がする、気配がする

● 現象

夜、道を歩いていたら、自分のうしろがどうしても気になる。霊体がいる気配がする。何かイヤな感じを受ける足音が聞こえる。

● 対処法

イヤな感じの気配や足音がしても、決して振り向かないようにしてください。振り向いても、いいものを見ることはほとんどありません。そういうときに限って、見てはいけないものを見てしまうもの。

「うしろが気になるなあ」と思っているときは、実際に霊を呼び込んでいるときだから、「いるのはわかっているけど、何もしてあげられないよ」と念じながら、サッサと前を向いて歩くことだけに集中しましょう。霊を寄せつけないという強い気持ちが大切です。

そして、家の前についたら、中に入る前に体全体をバンバンと叩いてください。体を叩くことは、自分を戒めて気合を入れる、我に戻すという意味を持っています。部屋に入ってからも何か落ち着かなかったら、粗塩をちょっとなめると良いでしょう。

日頃から、自分のお守りとなるようなものを身につけておけば、霊は寄ってこないので、常に携帯しておくことをおすすめします。

case 11

歩いていたら、突然、肩がズシンと重くなった

●**現象**

道を歩いていると、突然、人に乗っかられたくらいのズシンとした重さを肩や体中に感じる。

●**対処法**

多数の死者を出したような事故現場の前を偶然通りかかったとき、霊に敏感な体質の人は、肩に人が乗ったようなすごい重さを感じることがあります。これは、波長が合う霊体が一時的にとり憑いてしまった現象です。

家まではガマンして歩き、帰ったらすぐに部屋でお線香かお香を焚いて、霊体の気持ちを落ち着かせてあげましょう。（このとき、決して手は合わせないように）

重くてどうしてもガマンできないというときは、近くのコンビニに寄って、ミネラルウォーターかほうじ茶と粗塩を買うようにしてください。そして、ミネラルウォーター（またはほうじ茶）の中に、粗塩をひとつまみ入れて、それを少しずつ飲みながら帰ってください。こうすると浄化されるので、体が徐々に軽くなって歩けるようになります。

ただし、塩は食卓塩ではまったく効果がないので、その点には気をつけてください。

緊急！逃れられないときの対処法

▼幽霊が目の前にいる！

不運にも霊が見えてしまった、目の前に現れたという事態に遭遇したときは、とにかく見なかったことにし、関心を持たないようにしてください。慣れていない人は恐怖を感じると思いますが、「私は何もできない」「何も聞こえない」と、ひたすら頭の中で唱えてください。亡くなった人よりも、生きている人のほうが強いのですから、強い気持ちで対応することが大切です。

すぐに逃げられるような状況なら、できるだけ早くその場から離れるようにしてください。絶対に相手にせず、無視をするのが最良の対処法です。

なお、お墓などで目撃される「ひとだま」は、人骨の中のリンが燃えてできたもの、放電による発光現象など諸説がありますが、科学的に証明された物理現象です。追いかけてくるということはありませんので、安心してください。

▼旅先のホテルの部屋に何かいる

旅先のホテルや旅館などの部屋で、「何かがいる」という気配を感じたら、部屋を変えてもらうのがベストです。

その際、「ちょっと部屋を変えてもらいたいのですが…」という柔らかい言い方ではなかなか変えてもらえないことがあるので、「この部屋は眠れないから違う部屋に変えてほしい。そうでなければ、キャンセルするから」と、強い口調でお願いするようにしてください。そういう部屋の場合、ホテル側の人も思い当たる節があるもの。そして変えてもらったら、まず新しい部屋を見せてもらいましょう。

なにはともあれ、ホテルに泊まるときには、部屋に一歩入った時に「イヤだなあ」と感じたら、そこには泊まらないようにしてください。

とはいえ、ビジネスで行った場合など、どうしてもそこに泊まらなければいけないというときもあると思います。

そんなときにおすすめなのが粗塩です。旅行先では、疲れから普段見えないものが見えてしまう確率が高いので、少量の粗塩を封筒に入れて持っていくようにすると良いでしょう。そして部屋に入ったら、その封筒を枕元に置くようにしてください。自分の宗派のものである、携帯用の経本を置いておいてもOKです。

また、ホテルの部屋は気がこもりやすいので、もし窓を開けられるようなら空気を入れ替え、気の流れを変えると良いでしょう。

▼プールや海で誰かに足を引っ張られた！

できれば体験したくないことではありますが、きちんと対処法があります。

まず、何者かに足を引っ張られて沈みそうになったとき、ほんの少しの時間でいいので動かずにジッとするようにしてください。そして、いったい何が引っ張っているのか、水中に潜ってきちんと目で確認します。冷静にそれが何なのか見えたときは、案外パニックにならず、見えないままでいるほうが余計に恐怖を感じるからです。

もし、見えたものが人の手だとしたら、「あなたと一緒には行けないから、私には何もできないから」としっかり落ち着いて心の中で念じれば、すぐ離れていきます。

冷静さを欠いてパニックになったときに、引きずり込まれてしまうのです。

▼車に乗っているときに霊を見てしまった！

夜道を走っているときに霊を見てしまった、車内に乗り込まれてうしろのシートに座っている霊の姿がバックミラーに写っている……などというときは、パニックにならずすぐにその場所から離れることが一番です。

こういったときに見る霊体は、その土地に縛られて長い距離を移動できない地縛霊がほとんどなので、その場を走り去れば見えなくなります。

注意すべきは、事故が頻繁に起きるような場所や自殺の名所の周囲は、冷やかし半分で夜中に走らないほうがいいということ。

昼間は見えにくいので、たとえ車内に霊体が乗っていてもわからない場合が多いのですが、夜中は霊体のパワーが増し、いわゆる丑三つ時（今でいう午前2時〜2時半）になると霊感のない人でも見えやすくなってきます。眠くなって意識がボーッとしてくるから、霊体に引きずり込まれやすい時間帯とも言えます。

▼飛行機の中で霊を見てしまった！

飛行機の中ではその場から

離れたくても離れられません。逃げられない飛行機の中で見てしまった場合は、下手に騒ぐと霊に「自分に興味を示してくれている」と思われるので、とにかく無関心でいるようにしてください。

「私には見えてないよ」という拒絶の姿勢を続ければ、霊体はそのうち見えなくなり、降りてからもついてくることはないでしょう。

▼電車内で霊に乗り移られてしまった！

まさか、電車に乗っているときに霊に遭遇することはないだろうと思うかもしれませんが、そうとも限りません。実際、電車内で霊に乗っかられてしまい、ビックリするような行動をとった女性がいました。

その女性は、家に帰る途中、突然、全裸になって電車の端から端まで走る……というとんでもないことをしてしまったのです。

車掌さんに取り押さえられて毛布をかけられ、ご主人が迎えに来た段階でやっと我に返りましたが、本人は電車に乗ったところまでしか、記憶がないのです。周りの人もさぞかしビックリしたと思いますが、ご本人が一番ショックだったでしょう。

これが1人で部屋にいるときの出来事ならば、本人にダメージはないので、霊にとってては彼女に苦しみや戒めを与えられません。それが、見ず知らずの人が大勢いる電車内で全裸で走り回ったとなると、死にたくなるくらいの恥ずかしいこと。霊体は、彼女が一番苦しむような場所を選んで、このような行動を取らせたのです。

原因は、3日間寺院にこもって断食をするなどの修行を行ったことにありました。宗教的な修行というのは、人間の枠を超えて精神世界に入り込もうとするもの。浄化を望む霊体を引き寄せる原因になりやすいので、人間はあまり修行をするべきではないと私は考えています。

彼女のように記憶が飛んでしまうと、自分の力ではどうしようもできません。周囲の人は、気が触れたのではないか、麻薬中毒ではないかなどと怖がると思いますが、もし、あなたが霊的な現象だとわかってあげられれば、おかしな行動を取り始めた段階で本人を押さえてあげてください。「1人ではなく、ちゃんと味方がいるよ」と教えてあげるのです。

そして、動きが止まった段階で、ある程度強めの力で背中を叩きます。大半の霊体は人間に乗っかるとき、首から入って背中に回るので、叩いて刺激を与えることでその人から離れようとします。

緊急処置としては、これでOK。正気に戻らせれば大丈夫です。その後、不安に思っているようなら、霊能関係者に相談するようにすすめてあげてください。

自分で予防する方法としては、粗塩を常に携帯しておくこと。「おかしいな」と思ったときに、それをなめて深呼吸をしてください。怨みがあって憑いている霊体であれば簡単には離れませんが、「この人とは波長が合うから憑いていっちゃおう」という程度の浮遊霊なら、すぐに離れていきます。

粗塩

SPIRITUAL
HANDBOOK

家庭でできる霊障の対処法

～ケース別・応急処置～

長引く体の不調、家族間や仕事のトラブルなどで、原因がわからないものの中には、霊的なものが作用して起こる霊障の可能性が考えられます。自分ではなかなか判断がつきにくいさまざまな霊障に有効な「家庭でできる対処法」を各ケース別にご紹介します。

case 1 ひどい頭痛や肩こりが続いていて、病院でも原因がわからない

●現象

ひどい頭痛や吐き気、肩こり、手足のしびれなどが1ヶ月以上続いている。発熱や悪寒がたびたび起きる。これらの症状について、病院へ行っても原因がわからない。

●対処法

霊障によって体に起こる不調は、頭痛、吐き気、発熱、悪寒などが代表的なもの。病院で原因がわからないと言われたもので、自分でもストレスなどの覚えが特にないようなら、霊障の可能性が考えられます。この場合、偶然立ち寄った先などで、霊体に乗っかられてしまった（中に入られているわけではない）例が多いようです。

対処法としては、粗塩をちょっと入れたほうじ茶を飲んでください。これらは体の中から浄化してくれる作用が高いので、しばらく続けてみると良いでしょう。

そして、さらに自分の守りを強くすることを考えます。お墓参りをする、仏壇にお願いする、守護霊だと思っている人に心の中で話しかけるなどすることで、自分を守ってくれている霊体との結びつきが強くなり、悪い霊体の影響を受けなくなります。これで良くなるようなら、明らかに霊障だと言えます。

それでも治まらない、何が憑いているかどうしても気になるという人は、専門家のところへ相談に行ってください。

エピソード

「この子、1ヶ月くらい前から顔色が悪くて。頭痛や吐き気が続いていていて、なんか様子がヘンなんです」

友達に連れてこられたMさんは、黙ってうつむいている。見るからに体がだるそうで、背中が曲がり、確かに顔色も悪い。さっそく、霊視を始めることにした。

「神社が見えるんだけど……。鳥居かな。最近、行きました？」

初めてMさんが顔を上げる。驚いたような表情だ。

「はい……。確かに行きました。久しぶりに実家に帰ってきた友達と、うちの近くの神社に行ったんですよ。縁結びのお守りをもらおうなんて言いながら冗談半分で……。そういえば、その帰り道で寒気がして。体がだるくなり始めたのも、実はそれからなんです。でも神社だし、気のせいかなあと思って」

このとき、神社の話をしているMさんのうしろには、確かに女性の霊が見えた。

後日、私はMさんとその友達の2人を連れて、例の神社へと向かった。小さな、しかし真っ赤な鳥居が新しい、こぎれいな神社だった。私はまっすぐ神社の裏へと歩いた。

「ここだわ、自殺したのね」

それは、1本の大きな松の木の前だった。

その女性がここで首を吊ったのは、15年ほど前のことだ。結婚を約束していた男性が、ほかに女性を作ってしまったのだという。絶望的になった彼女は1人、人気のないこの神社で首を吊った。信じていた男性に、一方的に捨てられた悲しみと寂しさを断ち切るために……。しかし、彼女は死後も寂しさから逃れることができなかった。このあたりをウロウロとさまよっては、自分の気持ちをわかってくれそうな女性を探し、しつこくとり憑いていたらしい。

帰るころ、Mさんはすでに元気を取り戻していた。体がすごく軽くなったと驚いたように言った。それから、「おなかが空いた」というMさんを先頭に、3人で食事に向かったのだった。

case 2

ある特定の場所に行くと、具合が悪くなる

●現象

家の中の物置きだったり、仕事先の部屋だったり、なぜかある特定の場所に行くと、毎回のように具合が悪くなる。

●対処法

苦手な人がいるなど、精神的に行きたくない理由があれば別ですが、毎回具合が悪くなる場所があるというのは、霊障を疑ってください。本来はそういうところへはできるだけ近寄らない方がいいのですが、そうもいかないという人も多いでしょう。

そういった場合は、粗塩を小さい袋に入れて、常に身につけておいてください。お数珠があれば、それも携帯すると良いでしょう。これで、自分に結界を張ることができます。

そして、意外なようですが、悪い霊体を寄せつけないようにするには、おなかに気を集中させる呼吸法がとても効果的。体の中心であるおへそに力を入れて歩くと、邪悪なものが寄りつかなくなるのです。

例えば、お墓参りに行くときは、あまりウロウロしたりキョロキョロしたりせず、自分の家のお墓だけを目指し、おへそに力を入れて歩いてください。そして、無縁仏や荒れた墓を見ても「かわいそうに」などと思わないこと。きちんと供養されていない霊体から嫉妬され、憑いてきてしまうことがあります。

case 3

自殺を考えることが多くなった

●現象

思い当たるような原因がないのに、気分がゆううつになり、自殺を考えることが多くなった。衝動的に、自殺したくてたまらなくなる。すでに、自殺を図ったことがある。

●対処法

本人にとっても、ご家族にとっても、とても深刻な事態です。この場合は、旅行などで自殺があった場所や自殺の名所に行っていないか、近所で自殺がなかったか、確認してみてください。思いもよらぬところから、自殺した霊が憑いてきた可能性があります。

まず、最初にやるべきことは、部屋で線香を焚くこと。ただし、決して手を合わせないようにしてください。「供養する」という気持ちがあると、逆に寄ってきてしまいます。「これぐらいしかしてあげられないから、自分から出て行ってくれ」と、毅然と拒絶をするようにしましょう。要は、1人だとさびしいから、気持ちをわかってくれそうな人をそばに置きたいと霊体は考えているのです。

「私にはまだやらなきゃいけないことがあるし、あなたに関われない。何もわからないから、離れてくれ」と強く念じ、しばらくの間は寝る前に線香を焚き続けてください。徐々に、死にたいという感情が薄れてくることでしょう。本人ができないようなら、周りのご家族が手助けしてあげてください。

エピソード

(先祖が悲惨な亡くなり方をした場合)

その電話が鳴ったとき、私は「何か嫌だな」と思わずもらしてしまった。電話はUさんのご両親からだった。Uさんはここ2年の間に自殺を6回も繰り返し、精神科に入院させたこともあったのだが、もう大丈夫だろうと退院させると、また自殺を図るのだという。

「今までは私たちがつきっきりで監視していたので大事にはいたらなかったのですが、このままではいつか本当に死んでしまうんじゃないかと心配で……」。私はUさんに会うため、さっそく山梨に向かった。

2人で話をするために、私は彼の部屋へと入った。どんな質問を投げかけてもUさんは答えない。すぐに部屋を出て、不安そうに待っていたご両親と話をすることにした。

「川の近くで亡くなったおばあさんが見えました。たぶん、血のつながりのある方だと思うのですが……。そのおばあさんは1人ぼっちで誰にも看取られず、寂しく亡くなっています。お子さんが何人かいたようですが、誰も彼女の老後の世話をしてくれませんでした。彼女はお金も底をつき、やむなく川のそばの掘っ立て小屋に移り住み、そこで亡くなったようです。この近所の川ですから、冬は相当寒かったのでしょう。恐らく、凍死です。そのような不幸な亡くなり方をしたおばあさんをご存知ありませんか? それほど昔の話ではないはずですよ」

これを聞いた奥さんが、せきを切ったよう

に言った。

「先生！　そのおばあさんが息子にとり憑いているんですね。実はあの子、自殺するときは必ず近所の河原に行くんです！　包丁を持って、自分の体を切りつけて……」

奥さんの嗚咽が響く。ご主人は下を向いたままだ。

「ご主人はご存知なんですね」

私はそう切り出した。彼はしばらく苦悩の表情を浮かべていたが、ついにその重い口を開いた。

「そのおばあさんは……、たぶん私の祖母（Uさんの曾祖母）だと思います。私は末っ子なので会ったことはないのですが、昔、父からそんな話を聞いたことがあります……」

あの悲惨な戦争があった時代のことだ。ご主人の父親（Uさんの祖父）、そしてその兄弟はみな徴兵され、東南アジアへと出兵していった。ご主人のお父さんは、まだ18歳の若さだったという。農業を営んでいた一家は男手を失い、かなり悲惨な苦労を強いられた。

そして終戦を迎えたころには、一家に財産など残っていなかった。ご主人の父親と兄弟、6人のうち2人が戦死。残った4人は、それぞれの妻子を養うため、散り散りになった。

その後、数十年が過ぎ、ご主人のお父さんがこの地に戻ってきたころには、すでにおばあさんは亡くなっていたそうだ。

「父の兄弟たちはみんな、子どもを食べさせるだけで精一杯だったんです。決して、おばあさんを捨てたわけじゃない……」

ご主人は静かに泣いていた。

「ええ、おばあさんもみんなを責めているわけじゃありませんよ。ただ、寂しかったのね。老体で1人、凍えるような寒さの中、河原で死んでいったのですから。たまたまUさんはおばあさんと波長が合っていたので、彼ならこの気持ちをわかってくれると思ったのでしょう。そばに置いておきたかったのね。それで、Uさんは自殺を繰り返していたんです」

その後、Uさんの除霊を行うため、部屋に向うと、Uさんが泣いていた。窓の向こうに横たわる、大きな川を見つめながら……。

そして、すべては終わった。戦後50年以上たったある夏の日のことだった。後日、Uさん本人から私に電話があった。体調も良く、死にたいと思わなくなったそうだ。「早く結婚して、子どもがほしい」と、彼は語った。

（友人が自殺をしたOさんの場合）

Oさんは食欲や気力がなく、自殺のことばかり考えるようになり、「怖くてたまらない、助けてほしい」と私のところへやってきた。

さっそく霊視してみると、Oさんと同じ歳くらいの女性がそばにいるのが見えた。その女性は自殺をしたのだが、生前、Oさんと仲が良く、約束していたことや自分の気持ちを伝えたかったようだ。「苦しかったよ。悲しかったよ」と、彼女が言うことをOさんに伝えると、思い当たる友達がいると泣き出してしまった。しかし、その女性が「寂しいからOさんと一緒に逝く」と言い出し、このままでは危険なので、浄化と供養を行った。

その後Oさんから、以前の体調がうそのように、今は元気に暮らしていると連絡が来た。

case 4

育てている観葉植物が、なぜかすぐ枯れる

●現象

日当たりや水やりに特に問題がないのに、なぜか観葉植物がすぐに枯れてしまったり、花が咲かなかったりとうまく育たない。

●対処法

観葉植物は、悪い気を吸ってくれる作用があります。だから、枯れるというのは、悪い気を吸い取ってくれた結果なので、むしろ良いことでもあるのです。

ただ、そこに何か悪い霊体がいるかもしれないので、植物が育たない位置には、色物のお花を置いてみてください。花は観葉植物よりも浄化作用が強いので、悪い霊体を寄せつけないために、玄関先などに置くのもおすすめです。

あとは、植物や花を置く前に、日本酒をコップに一杯入れて置いておいてください。人間にとって穀物はとても大切なもので、特に日本人にはお米が体質に合っています。日本酒は、お米を発酵させて作られたものなので純度が高く、浄化作用も抜群！　古くから、お清めなどに日本酒が使われるのは意味があることだったのです。

もし、家になかったり、緊急時には、コンビニで売っているワンカップのお酒でも十分に効果があります。

case 5 昔から病気やケガが多く、努力してもうまくいかないことばかり

●現象

子どものころから、病気やケガが多い。努力をしているのに、うまくいかないことが多かったり、トラブルが多いので気になる。

●対処法

私の経験上、こういったパターンに陥っている人は、霊体によるものでなく、自分の名前に問題がある場合が多いようです。

名前というのは、とても大切なもの。字画や使う漢字によって、その人の人生が大きく左右されます。といっても、今までずっと使ってきた名前ですから、改名には抵抗があるという人も多いと思います。例えば、「恵美子さん」を「明子さん」にするなど、ガラリと変えてしまうと本人も周囲も戸惑ってしまいますから、私の場合は名前を見てあまり良くないと感じたら、読み方は同じままで、漢字だけを変えるようにしています。

人によっても違うので、どういった漢字が良くないというのは一概には言えませんが、仏教で用いる梵字や、あまりに読み方にムリがある当て字などはあまり好ましくありません。

改名は自分で行うと、余計に悪い影響を与えかねないので、気になる人は一度、霊能者に相談してみてください。

エピソード

（度重なる病気やケガに悩まされていたMさんの場合）

小さいころから、病気やケガが絶えず、自分のやりたいことがなかなかできないので、何か悪いものでも憑いているのではないかと、Mさんが相談に来られた。私が霊視したところ、何か憑いているようには見えない。

そこで、名前を見たところ、一般的には使われない漢字を使っていたので気になって聞いてみると、両親が知り合いのご住職に頼んで、頭の良い子になるようにとつけていただいたそうだ。確かに頭は良いが、線が細く、病気やケガをしやすい名前になってしまっていた。

そこで、呼び名はそのままで、漢字だけを変えることにした。数ヵ月後、本人から連絡があり、「体調がとても良くなり、ケガもなくなってきたので、今までできなかったことをこれから少しずつやっていこうと思う」と、明るく話してくれた。

（あるプロ野球選手の場合）

プロ野球選手である彼は、なかなか自分の実力を周りに認めてもらえず、チャンスをつかむことができなかった。どんなに努力をしても、あと一歩というところでダメになるので、自信をなくしかけていた。

ある日、知り合いの紹介で私のところに相談に来た彼の名前を見たところ、やはり使われている漢字に問題があった。そこで、読み方は同じで漢字だけを違う文字に変えたところ、今までの不振がうそのように解消し、素晴らしい成績を残すようになった。周りからの評価も上がり、その後、彼は見違えるような活躍を続けた。そして、今では自分の望んでいた道をさらにレベルアップさせた世界に進み活躍している。

昔から病気やケガが多く、努力してもうまくいかないことばかり

case 6 身内に事故や病気が多い

●現象

ここ2～3年の間に、家族や親戚の中で病気になる人がやけに多い。事故が立て続けに続いている。

●対処法

先祖がお墓や位牌の現状をみんなに教えようとして、こういった霊障が続けて起きていることがあります。

まず、お墓に行き、墓石が欠けていないか、壊れていないか、中で水がもれていないかなどをチェックしてください。仏壇であれば、中のお位牌が壊れていないか、汚くなっていないかどうかを、よく確認すること。それを対処し、きちんときれいにすれば、病気や事故が少なくなってくるでしょう。

もしくは、そのお寺の住職に相談することで、困った霊障が減ることもあります。

case 7

借金グセがある

●現象

お金にルーズ。ギャンブルや分不相応なショッピングがやめられない。お金がないとわかっているのに、衝動買いがどうしても止まらない。昔はそんなことはなかったのに、突然、借金グセがついた。

●対処法

このケースで多く考えられる原因は、先祖の土地にまつわること。ご先祖様が持っている土地がどういう経路で手に入ったものなのか、調べてみるのもひとつの解決策です。

例えば、誰かをだまして築いた財産（土地）ではないか。私利私欲のために、人を泣かしたり追いやったりした土地ではないか。もし、あなたのご先祖がそういった行いをしていたら、子孫がお金を全部なくすようになっています。

昔は、家や土地、お金をとられ、食べるものがなくなったとしても、自分より立場が強い相手であれば反抗することができませんでした。すべてを奪われた人たちは、相手を怨みながら死んでいくしかなかったのです。そこで、ドラマなどでよく聞く、「末代までたたる」というような強い怨みが生まれました。

今ほど生活が豊かではなく、働きづめであった昔の人は、今の私たちでは想像できないような強い念を持っているのです。直接顔も知らないし、先祖の怨念だなんて、にわかには信じがたい話かもしれません。でも、私は、こういった霊障で本当に困っている人たちを大勢見てきました。

「借金をどうやってなくすか」と考えることも大切ですが、それよりもまず、一日一回誰かに良い行いをすることを心がけてください。そうすると、たとえ一方で恨まれても、「こんな大変なときに手を貸してくれた、親切にしてくれた」と、親切にした人のご先祖様が守りについていてくれ、バランスが取れるようになります。

回り道のように思われるでしょうが、とにかく、自分を守ってくれる霊体をどれだけ多くつけるかが大事。あなたがしっかりと正しい行いをしていないと、子孫も辛い思いをするということを忘れないでください。

エピソード

(借金が原因で離婚したE夫婦の場合)

相談に来たのは、Eさんの妻だった。といっても、1年前に離婚をしている。

「最近、Eさんと話し合った結果、もう一度やり直すことになったが果たしてうまくいくものか」心配なのだと言う。しばらく彼女を霊視して、私はきっぱりと答えた。

「今、あなたを通して見えたのは、借金にギャンブル、暴力……。再婚しても、また同じ結果になりますよ」と。

「ええ、ええ。実は、離婚の原因もそれなんです。文句も言わず、30年働いてきたし、意味もなく暴力を振るうような人じゃなかったのに……」

Eさんが変わってしまったのは2年前からだそうだ。借金と暴力に耐えかねて離婚したが、最近、「一からやり直すために、おまえと子どもたちの助けが必要だ」と連絡をもらい、ここ数日、話し合いを重ねていた。できれば前のような家庭を取り戻したいというE夫人の意志を汲み、私は今度2人で来るようにと伝えた。

そして、Eさんがやって来て、改めて霊視をすると、ななめに切断された異様な墓が見えた。しかし、Eさんは即座に、「いや、うちの墓は去年建て替えて、きれいにしたばかりですよ」と答えた。それでも、私はお墓にどうしてもこだわり、「そんなはずはない」という2人も最後には折れて、後日お墓を見にいくことになった。

E家のお墓は、確かに立派なものだった。真新しいその墓の周りを確認して歩く。そして、お墓のうしろに来たそのとき、Eさんは青ざめながら立ち止まった。枯れ葉に埋もれた、2つの石が転がっている。刀で切断したように真っ二つにされた、古い墓石だった。

この墓石は、E家のお墓がある場所に、もともと建っていたものだった。E家の先祖がそれを無残に捨て、自分たちのお墓を建てたものだから、捨てられた一族の霊たちはE家を強く恨んだ。そして、生きている者たちに、災いをもたらし続けてきた。

E家の先祖たちは自分たちの行いを後悔し、子孫であるEさん夫妻に「このままにしておいてはいけない。供養してあげてくれ」と、さまざまなメッセージを送っていたようだ。

Eさんが借金苦の最中に、何が何でもとお墓を新しくしたのも、先祖からのメッセージを間違えて感じ取ってしまったからだろう。これによって、恨みは余計に強くなり、その果ての離婚だったのである。

急を要する事態であったため、私はその場で浄化を行い、ただの石となった古い墓石は石屋に回収された。そして、3ヵ月後、E夫人から連絡があり、再婚後は何のトラブルもなく、家族で幸せに暮らしているという。問題のギャンブルや暴力もすっかりなくなり、借金も返すあてがついたそうだ。

(玄関をリフォームしたTさんの場合)

「弟が遺書のような手紙を残し、家出をしてしまった」と、疲れきった顔のTさんが相談にやってきた。生きているのか、死んでいるのか、教えてほしいと言う。

霊視をしたところ、弟さんは生きていた。家出の原因は借金のようだ。私は気になって、「玄関をリフォームしていませんか？」と尋ねると、半年前に直したということだった。

増築や改築をすると、霊的な問題が起こりやすくなるのだが、Tさんの家も例外ではない。本来してはいけない時期に、とても難しい場所を直してしまい、それで真面目だった弟さんが借金を作ってしまったのだった。

私はすぐにTさんの家に向かい、土地を清めた。すると、その3日後に本人から電話があり、「結局、死ぬことができなかった。家に帰りたい……」という連絡があったそうだ。その後、弟は無事に家に戻り、今は普通に生活していると、Tさんが連絡をくれた。

case 8

仕事がうまくいかない、長続きしない

●現象

仕事でミスばかりしてしまう。仕事上の人間関係がうまくいかない。長続きせず、すぐに辞めてしまう。

●対処法

霊障かどうかを見極めるために、まず自己反省をしてみてください。普通の人と同じようにやっているのにも関わらず、うまくいかないのかどうか。協調性があるのかどうか。自分の判断と第三者の意見を聞いて、客観的に全体を通して、自分の性格や仕事に対する姿勢を判断してください。

その後、これといって特に問題がなく、それなりに仕事もこなしているのに上司からの反感が強い、同僚とうまくいかない、やるはずのないミスをたびたびしてしまうという場合は、霊障を疑ってみましょう。

まずは、場所が悪い場合ですが、これだとやはり長続きはしません。どこの土地でもそうですが、いわく因縁がある土地に建っている会社で、自分の守護霊が強い場合は、その場所にあなたを通わせないように防御する力が働き、会社でトラブルを起こしやすくなります。その見極めは自分ではできないと思いますので、あまりに生活に支障をきたすようなら、霊能者などの専門家に一度見てもらってください。

自分で応急処置をするなら、「ここで絶対

がんばっていくんだ」という仕事に対する強い意欲が必要！　本当にこの仕事がしたいのか、自分でよく考えてください。その意欲を汲んで、あなたの守護霊ができるだけ良い方向へと導いてくれます。

もし何か自分を守ってくれるものを持っていきたいなら、自分だけのお守りを何か選んでください。手帳でもアクセサリーでも石でも、「これが自分を守ってくれるお守りだ」と思うものを、常に携帯しておくと良いでしょう。自己暗示のようなものですが、そこには確実に〝気〟が入るので、あなたをきっと助けてくれるはずです。

専門家が見て、「そこに霊がいることがわかったけれど、働き続けたい」という場合もあるでしょう。ただ、社内に霊能者が入るのはさすがに難しく、会社自体の除霊を行うことは困難。よほど生死に関わるような霊障でなければ、自分の守りを強くすることで切り抜けられます。これもやはり、気に入ったアクセサリーや石など、お守りになりそうなものを自分で見つけ、常に携帯するようにしてください。

霊体は多少なりとも、どこにでも必ずいるものです。あまりナーバスになりすぎず、「ここで働きたい！」「絶対に大丈夫！」という自分の意欲や気持ちを高めることが、何よりも霊障を抑えてくれるのです。

case 9 上司や同僚とソリが合わない

●現象

上司や同僚とソリが合わず、一緒に仕事をするのが苦痛。何とかうまくやっていこうとしているが、どうしても気が合わない。

●対処法

ケンカをしたわけじゃないのに、なぜかこの人とは気が合わない、意見が合わない……。この人がいるだけで違和感を感じる、生理的に受けつけない……。

人間関係において、中にはどうしても苦手な人というのがいると思いますが、これは前世で何らかの形でもめていたり、お互いの先祖同士が敵対関係にあったなどの影響が、今になっても残っていることが考えられます。これを探るのは専門家でなければできないことなので、そうなった場合、その人とはあまり関わらないようにしたほうがいいでしょう。

ムリに近づこうとすると裏目に出て、イヤな思いをしたり、利用されたりしてしまいます。当たり障りなく、あいさつ程度にとどめてください。もしくは、「周りにあの人とうまくやっていきたい」と話し、周囲にサポートしてもらっても良いでしょう。それで、うまく調和を取っていくようにしてください。

とはいえ、上司や同僚であれば、一対一で仕事をしなければいけないときもあると思います。その場合は、できるだけ感情を抑えながらも、自分の意見をあやふやにせず、イエス・ノーをはっきりさせてください。

単にケンカ腰になっているのではなく、しっかりした意見を持って動いているということを相手に見せれば、相手方の守護霊が理解してムリに戦いを挑んでこなくなるので、現世の2人の関係がこれ以上、悪化することはないでしょう。

case 10

結婚できない、いつも寸前で結婚が破談する

●現象

結婚したいのに、いつまでたっても結婚できない。うまくいきかけても、自分や先方の親の反対があったり、トラブルなどがあってタイミングを逃し、いつも寸前で破談してしまう。

●対処法

誰が見ても何も問題がないのに結婚に結びつかないときや、これまで何もなかったのに突然障害が出てきたときは、本人に問題があるというより、双方の先祖が敵対関係にあったなどのしがらみでダメになるケースが多いものです。これまで私が見てきた中でもひどいケースでは、結婚しようとすると、いつも相手が事故に遭ったり、死んでしまうという人がいました。

生活力がないなど、現実的な問題以外で周囲の反対がある場合は、ご先祖様の意思によって周りの人たちが動かされてジャマをしていることも考えられます。こういった場合は、2人で双方の家のお墓参りをしてください。順番も大切で、反対している家のお墓から行くようにし、両家とも反対しているのなら男性側からお参りするようにしましょう。

その際、「そろそろ結婚したいので、ご先祖様に報告に来ました。どうしても一緒になりたいので、どうか祝福してください」と伝えるだけでOK。お墓まで遠いなら、仏壇に

お線香だけでもあげれば、その気持ちは必ず通じ、親族の霊体の何体かは味方についてくれます。

周りの反対を押し切って結婚した場合は、なかなかうまくいきません。生きている人間は年月が経つことで気持ちが和らいでいきますが、ご先祖様はそうはいかないのです。お墓参りをすることで状況が改善されることもあるとはいえ、あまりに周囲の反対が強い場合は、辛い決断だと思いますが、ムリして結婚しないほうがいいでしょう。結婚後、子どもがなかなかできない、夫がリストラされるなど、すべてにおいて何らかの障害が発生し、ご先祖様たちが結婚生活を破綻させようとするからです。

また、ずっと実家に住んでいる人に当てはまることですが、家の増築やリフォームをしたり、敷地内の何かを動かすことによって、お嫁にいけない、お嫁さんが来ないという霊障が起きることもあります。目安として、娘が3人いるのに、誰も結婚できないという場合は、一度、「家」を疑ってみたほうがいいでしょう。

そのほかにも、昔つき合っていた人の霊体や生き霊、地縛霊などにとり憑かれて、うまくいかないケースも考えられますので、何度も寸前で破断しているというひどい場合や思い当たることがあるという人は、霊能者に相談してみてください。

エピソード

Rさんは、これまでに三度の結婚話が持ち上がったが、いずれも破談という結果に終わっていた。一度目は、24歳のころ。結納が1週間後に迫ったある日、見知らぬ女性が乗り込んできて、あなたよりもずっと昔からつき合っていた」と言われたのだ。この事件がもとで、結局は彼を信頼できなくなり、ついに両家の仲がこじれてしまった。

二度目の結婚話は、28歳のときだった。相手は、有能な営業マンとして通っていた人だったが、8ヵ月後の大安に式場を予約できてまもなく、なんと彼の横領が発覚したのである。

三度目の結婚話は一昨年。Rさんは過去の出来事が頭から拭えず、不安な気持ちのまま、三度目の結納を行った。そして、彼女の不安は的中した。今度は、Rさんに別につき合っている男の人がいたと誤解されてしまったのだ。ある日、結婚相手のところへ男性が現れ、「Rと別れてくれ」と話したのだと言う。その男性は大学時代から親しくしてきた友人の1人ではあったが、まさかそんなことをするとは思いもよらない相手だった。つき合ったこともなければ、一度たりとも男女の仲になったことがない相手なのだ。しかし、Rさんがいくら説明しても、彼は信じてくれなかった。

「本当に振ってわいたような災難ばっかりで……。もう最近では、自分でも自分が信用できなくて、私に何か原因があるんじゃないかって思うんです」

彼女を霊視した私は、翌日、Ｒさんの家で除霊をする必要があると伝えた。

翌日、除霊をし、Ｒさんには「この土地で昔亡くなった女性が、あなたの結婚をジャマしていました。うらやましかったのでしょう。でも、もう大丈夫。次は、ちゃんと幸せな結婚ができますよ」と伝えた。

その帰り道、同行していた人から、やけにあっさりとした説明でめずらしいけど、何か問題があったのかと聞かれた私は、しばらくしてこう切り出した。

「彼女には言わないほうがいいと思って、くわしく伝えなかったんだけど……」

Ｒさんに長い間、とり憑いていたのは、自殺した女性の霊だった。その女性には結婚したい男性がいたが、「もう少し待って」という言葉を純粋に信じ、ただただ結婚式をあげる自分を夢見ていた。しかし、その男性には妻子がいた。彼にとっては、ただの不倫だったのである。それを知った彼女は、真夜中の浴室で、首筋を包丁で切った。命が尽きるまでの数分間、彼女はただひたすら、彼と彼の妻子を怨み続けて亡くなった。その彼女が住んでいたのが、Ｒさんの実家がある場所だったのだ。

そのときの除霊にはめずらしく手間取った。浴室で、いつものように除霊を始めたが、経文を唱え始めたそのとき、細い指が私の足首に絡みついたのだ。

「あの女だけ、結婚するなんて許せない。私の気持ち、わかるでしょう?」と言う声が聞こえ、目を開けると、薄いブルーのタイルの上に、血でべっとりと濡れた長い黒髪の女が……。それでも除霊を続けると、その女はものすごい力で私の首を締め上げてきたのだ。やむなく私は、強制的に彼女の魂を消滅させた。最後に、「どうして私だけが、幸せになれなかったの……」と消え入るような声が聞こえた。

この話を終え、同行した人に足首と首を見せると、「手形みたいな赤紫のアザがついてる……」と恐怖で絶句していた。とてもじゃないが、Rさんには話せない真相だ。

数ヵ月後、Rさんが「今、つき合っている人が結婚しようと言ってくれたんです」と明るい笑顔で報告に来た。その後、彼女は無事に結婚し、かわいらしい男の子を出産した。

case 11

親とうまくいかない

● 現象

自分の親と考え方が合わず、ケンカや対立が多く、どうしてもうまく関係が結べない。また、特に原因が見当たらないのに、突然、うまくいかないようになった。

● 対処法

もともと親と折り合いが悪いのならば、前世のことが関係しています。少し親と離れて、距離を置いてみてください。身内との問題というのは結構根が深いことが多いので、離れた段階で何が原因なのか、改めて霊能者などの専門家に見てもらうと良いでしょう。

急に関係が悪くなったのなら、まず家を建て増ししたり、リフォームをしていないかどうか確認してみてください。最近はリフォームなど、家をいじることが多いですが、本来はさわってはいけないところをさわってしまったりするので、リフォームする場合は十分に気をつけたほうが良いのです。でも、改築したあとに霊障が出ているのなら、自分では対処できないので、迷わず専門家に相談をしてください。

これから、改築をするという場合、特に注意したい場所はトイレやお風呂などの水まわり。素人では判断が難しいので、心配だという人は、一度、霊能者などの専門家に見てもらったほうが安心できるでしょう。もし工事をするなら、「ここを清めてから始めて」と言われたり、「○日はダメで○日ならいい」
という指示が出されるので、言われたことは
必ず守ってください。

転居するときにこれだけは確認を！

▼心霊現象や霊障が起きやすい家

一度、家を借りたり、買ってしまったあとでは、金銭面のことから言ってもそう簡単には移動できないものです。

とはいえ、もともと、その土地や家に霊体が憑いている恐れがあるので、引越をする前には、やはり最低限のチェックをしておいたほうが安心できるでしょう。

まず、周辺の物価から考えて、家賃が妙に安いところはいわくつきの物件の可能性があるので、気になるときは避けたほうが無難です。

さらに、内見をしたときには、入ったときにヘンな圧迫感はないか、カビくさくないか、視線を感じないかなどに、注意してみましょう。霊体は暗くてジメジメしたところを好むので、日当たりがあまり悪いようなところも避けたほうが良いと思います。

そして、建っている場所の確認としては、周辺にお墓や霊園、神社がないかをチェックしてください。お墓や神社は、霊体の通り道である霊線や霊道があるところだから、確かに霊体は多くいます。

もし、その墓地に力のある人が祀られていれば常に供養されているので、お墓の霊体たちを統括するボスのような存在になっており、悪さをしようとする霊体たちを抑えてくれています。でも、素人ではその判断はなかなかつきにくいので、よほどの理由がない限りはこういった場所のすぐ横や目の前に住むのはあまり良くありません。

▼何かあった部屋かどうか、確認する方法はある？

ひと通り、自分でチェックしてみても、実際にその部屋で何かあったかどうかはわからないものです。

心配な人は、契約する前の最終的な判断材料として、家の外観や部屋の中の写真を何枚か撮ることをおすすめします。できるだけ、フィルムかポラロイドのカメラで撮影し、デジカメや携帯のカメラを使う場合は画像に映る〝異変〟が鮮明に見えないので、きちんと紙にプリントアウトしてからチェックしましょう。

その後、実際に写真を見て、赤い光や丸い球体、もやが写りこんでいれば、霊体がいると判断してください。

▼中古車を買うときも注意しよう

家を買ったり借りたりするときと同様に、気をつけてほしいのが中古の車。事故車でなくても、持ち主が病気になって亡くなったあとに手放されたため、本人が車に思いを残しているなど、車は乗っていた人の思いが入り込みやすいものです。購入するときは、慎重に選んでほしいと思います。

車もやはり、購入する前に、「じっくり検討したいから」などと言って、写真を撮ってみてください。その際、1枚だけでなく、何枚か撮っておくこと。その後、「ちょっと考えてくる」とでも言って、きちんと確認してから買うようにしてください。

車内からではなく、外から

写真を写してください。車だけ単体で撮ればOK。ほしいと思った時点で車に呼び寄せられているわけだから（いい場合も悪い場合も）、ほしいと思った本人が写真を撮るようにしてください。

顔が写ったり、白い光や赤いもやが写ったり、あるべきではないものが写っていたらダメ。あまりにも、値段が安いものも考え直したほうがいいと思います。販売者にしつこく理由を聞いて、納得のいく説明がなければ、買うのはやめたほうがいいでしょう。

case 12

夫婦仲が急に悪くなった

●現象

パートナーが急に人が変わったように、家の中の物を壊したり、暴力を振るうようになった。ギャンブルやお酒、異性関係などにのめり込み、夫婦仲が突然悪くなった。

●対処法

思い当たる原因が一切見当たらない、話し合いたくても冷静に会話することすらできない……。

この場合は、どちらかが悪い霊体に憑依されている可能性があるので、残念ながら家庭内で対処することはできません。もともと、霊体は実体がないものだから、人に傷を負わせたり、殺すことは、生きている人間に憑依しない限りできません。

突然、暴力的になった場合は、ケガをしたり、命に危険が及ぶことも考えられるので、できるだけ早めに専門家に対処してもらったほうが良いでしょう。

ただし、あまりに霊体の怨念が強いと、憑依をしなくても、叩かれたり掴まれたりして、アザができることもあります。

case 13

子どもができない

● 現象

結婚後、何年も経ち、肉体的にも問題がないのに、子どもができない。妊娠したとしても、すぐに流産してしまう。

● 対処法

子どもができない原因は、双方の祖先の敵対関係か、家自体に問題があります。

自分で対処する場合は、家を引っ越して環境を変えるのもひとつの手。そして、しばらくの間、子どものことを考えるのをやめてください。考えすぎるとストレスがたまり、余計にできにくくなります。

祖先が敵同士であれば、子どもができないようにジャマをしていることが考えられるので、さかのぼれる限り、先祖同士が何かつながりがなかったかどうか調べてみてください。

流産の場合は、残念なことですが、その子の寿命です。本当に短い間ですが、その子なりに精一杯生きていたのです。持って生まれたものだから、どうしようもありません。火葬して、きちんとお参りしてあげれば良いでしょう。

また、結婚前に中絶をしたことがある場合、その水子霊が影響していることもあります。ちゃんと供養してあげていないと、自分だけが置き去りにされたというさびしい思いから、母親に憑いてほかの子どもができるのをジャマすることもあります。

思い当たる節があれば、家の中の日当たりのいい場所に、お水と牛乳、お菓子などを供えるといいでしょう。その場合、朝あげて、夕方になったら下げるようにしてください。ご主人に知られたくない場合など、夕方まで置いておけない場合は、2～3分供えるだけでもＯＫ。水や牛乳は自分で飲むか、料理に使うようにして、決して捨てないようにしてください。自分の子どもにあげても問題ありません。

これを、21日間休みなく続けてください。21日というと短いように思うかもしれませんが、1日も空けずに休みなく続けることは案外難しいものです。自分のために、お母さんがこれだけのことをしてくれたと思えば、逆に生まれてきた子どもとともに生きて、守ってあげようと考えてくれるようになります。

注意点としては、お供えを始める前に、「21日間、お母さんはあなたのためにがんばりますよ」と、伝えてあげること。そして、21日間無事に終わったら、「これであなたのことを忘れるわけではないけど、お供えは終了しますね」と伝えます。

使った食器類は、本来は川に流すのが良いのですが、今はなかなかできないので、ビニール袋に食器類と粗塩を入れ、そのまま捨てて構いません。

水子霊は母親側に憑くことがほとんどですが、父親に憑くこともあります。男性は自分の体を傷めていないから、忘れてしまう人もいます。それで父親側に憑くことがあるのです。

30歳の男性で、人と会話をしたり電話をすることができなくなってしまった人がいました。車の音など、音に対して異常に反応して腹を立て、頻繁に熱を出すようになってしまったのです。

これは、女性の念といくつもの水子の念が積み重なって、霊障として現れたものでした。ただ、自分では気づかない人も多いですから、思い当たれば専門家の指示に従ってください。

男性は、中絶したら責任の半分以上は自分にあると常に考えながら行動するようにしてください。そして、誠意を持って相手に対応すれば、水子が霊障を引き起こすこともなくなります。

エピソード

4年間交際を続けた彼と、昨年晴れて結婚したNさんが、涙を浮かべながら私のところに相談にやってきた。これから赤ちゃんを作って育てていこうと意気込んだ矢先、産婦人科医から「子どもができにくくなっている」と宣告されてしまったというのだ。

私はしばらく霊視をし、「ご家族か、すごく身近なところで、産む前に亡くなった赤ちゃんや生後すぐに亡くなった赤ちゃんがいませんでしたか」と、Nさんに尋ねた。Nさんの視線が止まり、同時に大粒の涙が膝に落ちる。長い嗚咽のあと、Nさんは告白を始めた。

2年前、彼女は子どもを宿した。現在、夫となった彼の子どもである。彼もきっと喜んでくれるに違いない、早く報告をしようと思いつつ、彼も自分も仕事が忙しく、会えないまま1週間が過ぎた。

そんなある日、腹部に激痛が走った。彼女は1人トイレで、迫り来る恐ろしさと悲しみに泣き崩れるしかなかった。明らかに素人でもわかる流産で、直後に産婦人科に行ったが、おなかはすでに空っぽだった。

彼と結婚を決めてから、と思っていたので家族にも話せなかった。自分が忙しく働き過ぎたせいだと思い込み、彼にも告白できないまま、1人でこの苦しくつらい悲しみに耐えてきたのだった。

私はさらに霊視を続けた。このようなデリケートな事情の場合、複数の要因が絡み合っているため、一度の霊視だけではすべてが見えないことが多い。そして、「あなたのせいではありませんよ、Nさん」と声をかけ、今見えたことを彼女に伝えた。

実は、夫の先祖とNさんの先祖は相性が悪く、しかも両家の先祖の中に早くに亡くなった子どもや流産した赤ん坊が多かったのだ。それで、成仏していない何体かの水子霊が、彼女の妊娠をジャマしていたのである。

「あぁ、だからだったんですね。実は私たち、結婚話が持ち上がるたびにおじいさんが亡くなったり、家族がケガをしたりで、結婚が3年も延びてしまったんです。それも先祖のことが関係あるのでしょうか……」

彼女が不安に思ったとおり、やはり、両家の先祖が2人の結婚を望んでいなかった。それで結婚できないように、さまざまな事件を引き起こしていたのだった。

後日、2日間かけて、水子霊の供養と浄化、それから両家のお墓へ行ってご先祖様の説得をした。その場には、Nさんの夫の姿もあった。

「先日、妻からすべて聞きました。霊のことは私にはよくわかりませんが、とにかくNが1人で悩んでいたことがかわいそうで……。僕に話してくれる気持ちになれた、それだけでも本当に良かったと思います」

その後、Nさんは子どもを身ごもり、無事にかわいらしい男の子を出産した。

case 14

子どもが病気がちだ

● **現象**

すぐに風邪を引いたり、熱を出すなど、子どもがしょっちゅう病気になる。

● **対処法**

子どもは純粋なので、大人のように霊体を怖がらずに受け入れてしまいます。さらに、俗世間にさらされていないから、霊的なパワーが強いとも言われています。

中でも、赤ちゃんのパワーが一番強く、霊体はその強いパワーがほしくて、寄ってくるのです。それで、赤ちゃんや子どもはパワーを吸い取られて弱くなり、病気にかかりやすくなります。病気がちだが特に原因が見当たらない、病院でも原因がハッキリしないという場合は、まず家を疑ってください。

応急処置としては、使っている部屋を変えてあげると良いでしょう。鬼門や裏鬼門の部屋は良くないと言われますが、その土地によっては鬼門のほうがいい場合もあります。

まずは部屋を変え、子どもの体調が良くなったのであれば、お清めの意味を込めて元の部屋でお線香を1ヶ月間焚き続けてください。

その際、決して手を合わせないこと。部屋を浄化してあげれば、きちんと結界が張られたことになるので、元のように使っても問題はありません。

エピソード

「このままでは寝不足で体が持たない。もう、ノイローゼになってしまいそうで……」と、見るからに憔悴しきったYさんが私のところにやってきた。話を聞いてみると、新しい家に引っ越してきてから、子供が夜中の2時くらいになると泣き出したり、熱を出したり、うわごとでおかしなことを言うようになったのだそうだ。

彼女を霊視してみると、お稲荷様の祠《ほこら》が見えた。どうやら、前にこの土地で祀っていた祠のようで、家を建てるときに壊してしまったらしい。それで、霊のパワーを受けやすい子供に、強い霊障が出てしまったのだ。

後日、Yさんの家に行き、家や土地を清め、お稲荷様に丁重にお詫びをした。それから数日後、「子供の夜泣きや熱がピタリとおさまりました」と、Yさんがすっかり元気になった声で報告の電話をくれた。

case 15

子どもが非行に走った

●現象

万引きや夜間外出など、子どもが急にさまざまなトラブルを起こすようになった。家庭内暴力をふるうようになった。

●対処法

子どもに対して言ってはいけない言葉をかけていなかったかなど、まずはこれまでの子どもへの対応を振り返ってください。特に問題が見当たらず、突然の家庭内暴力や、万引き、夜間の無断外出などが続くようであれば、霊的なものを疑ったほうが良いでしょう。

対処法としては、子どもが学校に行ったり、出かけた間に、その子の部屋でお香を焚いてください。その後、帰って来てから、問題行動が鎮まったりおとなしくなったりしたら霊障だと判断し、しばらくの間は焚き続けてみましょう。

また、お香の香りに敏感に反応し、すごく嫌がったら要注意。浄化されたくない霊体の場合はお香の香りをすごく嫌がり、問題行動がひどくなる可能性もあります。まずはお香を焚いて、目安にしてみてください。

実際、そこに居合わせただけで憑いてきてしまう浮遊霊などは防ぎようがないのですが、ご先祖様をしっかり供養し、敬うことで、子どもや子孫への守りが強くなります。守護霊の力が強ければ霊体は手を出せないということも、覚えておいてください。

エピソード

「我が子ながら、Mの考えていることが、もう私にはわかりません」

Mさんの母親であるSさんは憔悴しきった様子で語った。変わってしまった娘を心配する気持ちと、何を言っても通じない娘への怒りで混乱しているように見えた。

3日前、Sさんは娘の担当教師から、学校に呼び出された。

「最近のMさんには、私も手を焼いているんです。ウソばっかりつくので、困っているんですよ。実はね、お母さん。昨日、うちのクラスの子のお財布が盗まれまして。クラスメイトが見ていたんですよ、Mさんが盗むところを」

Sさんは愕然とした。そんなことをするような子じゃなかったのに……。さらに、教師がさげすむように言った「ご家庭に問題があるんじゃないんですか？」という一言がSさんを刺激した。

ショックを受けた彼女はその日、Mさんを頭ごなしに怒鳴りつけてしまったという。すると、普段はおとなしいMさんが大声で泣き出し、こう叫んだのだ。

「お母さんだけは信じてくれると思ったのに！」

それ以降、Mさんは誰とも口をきかなくなった。Sさんはこの先どうすればいいのかわからない、母親としての自信もなくなってしまったと語りながら、涙を流した。

「あなたを通して娘さんを霊視してみました

が、お金は盗っていませんよ」

本当ですか、とSさんが身を乗り出す。

「Mさん、いじめにあっています。最初は、友達とうまくコミュニケーションを取れなくなっただけのようなんですが。盗難騒ぎもでっち上げです。財布を盗られたという女の子、目撃したという女の子、それから同じクラスのあと4人くらいが、Mさんをいじめているようですね」

どうも、Mさんの部屋が気になるので、後日、家を訪ねた。部屋の向きが悪く、霊線（霊の通る道）が通っているようだ。そのため、Mさんの悲しい気持ちや悔しい気持ちに霊が敏感に反応し、友達との関係が壊れていったのだろう。すぐに部屋に溜まっていた念を浄化し、霊線を取り除く作業を行った。

1週間ほどして、Sさんから電話があった。Mさんがクラスメイトにいじめられているところを教師が通りかかったのだそうだ。私立の名門高校だったため、学校上げての大問題になったが、Mさんの意向でいじめていた子たちの処分は不問になった。それをきっかけに、友人関係も修復しつつあるという。

「私も教師や校長に謝罪されて、やっと気持ちが落ち着きました。霊の影響もあったんですけど、それよりも私がもっと早くあの子の気持ちに気づいてあげられれば、こんなことにならなかったのかもしれないと反省しています」

それから、週末はMさんとショッピングに行く約束をしたと、うれしそうに報告してくれた。

case 16

近所ともめごとが多い

● **現象**

近所の人とのトラブルが絶えない。些細なことでも、なぜか大きなもめごとに発展してしまう。

● **対処法**

ご先祖様を敬うことで、自分たちの守護霊を強くすると、周囲の人たちとのコミュニケーションが円滑になるように守護霊同士が協力し合って、少しずつ周りの対応が柔らかくなっていきます。

あとは、１ヶ月に１回、家の周りに日本酒をまくと、悪い気が浄化されるのでおすすめです。

マンションの場合は、ベランダと玄関の外側にまいてください。お酒の量は、パラパラとまく程度の量で十分です。

case 17

ペットが早死にすることが多い

●現象

飼っている犬や猫が、事故に遭ったり、早死にすることが多い。

●対処法

上に上がれず、本来はいてはいけないところにとどまってしまったペットの霊体は、地縛霊になってしまいます。

そして、ほかの浮遊霊が、

「今、お前の飼い主が飼っているあの犬の魂を抜いて、代わりにお前が入ればいいじゃないか」

などとそそのかして、悪い霊体の仲間へと導こうとします。もちろん、入れ替われるわけはないのですが、地縛霊になってしまったペットは、あなたが新たに飼い始めたペットを事故に遭わせたり、殺そうとしたりするのです。

ペットが亡くなったときに注意してほしいことは、「何で死んじゃったの」と、あまり思いを残さないこと。飼い主から引き止められると、ペットの魂は上に上がれず、そばをウロウロしてしまい、悪い霊体になりかねません。

「好きなものもいっぱい食べさせてあげたよね」「寿命だったんだよね」と考えてあげてください。そして、魂が行くべきところに行けるように、祈ってあげましょう。そうすると、守護霊とは違いますが、あなたを守ってくれる魂として、また戻ってきてくれるのです。

　また、家の敷地内に、亡くなったペットを埋める人がいますが、ペットが思いを残してしまうので、これはおすすめできません。人間でも同じことが言えますが、死にたくないのに死んでしまった場合、ムリに引き止めることで上に上がる道が閉ざされてしまうので、成仏することができず、逆にかわいそうなのです。

　ただし、次に飼ったペットに同じ名前をつけることは問題ありません。

ペットが早死にすることが多い

case 18

つき合っても長続きしない、いい男性と巡り会えない

●現象

男性とつき合っても、長続きしない。つき合っても、いつもだまされたり、暴力を振るわれたりして、いい男性と巡り会えない

●対処法

まず、客観的に自分の性格を見ることから始めてみてください。まわりの友達や家族からも意見を聞いて、そんなに我が強いわけでもなく、性格的に問題がないならば、家系図を見てみると良いでしょう。

女性ばかりが多かったり、男性が早死にするという家系ならば、霊的な影響を受けていることが多いものです。そうであったときには、霊能者にきちんと見てもらって指示を受け、きちんとその指示を守れば、寄ってくる相手も変わってくるはずです。

自分で対処をしようとするなら、今までとはまったく正反対のタイプの人を選ぶと良いでしょう。そういう人を選んでつき合ってみると、案外うまくいくものです。

だまされる女性は、「だましていいんですよ」というオーラが出ていることが多いのです。だましてやろうと考える男性は、それを敏感にかぎ分けます。まず、新しい男性と出会ったら〝目〟を見てください。落ち着いているか、目がキョロキョロしていないか、きちんと見極めてください。

また、自分の過去を振り返ってみることも

大切です。因果応報といって、自分が過去にやったことが、自分の身に返ってくる場合も多いのです。

異性運が良くなる方法は、ケースバイケースではありますが、メイクを明るくすることが大きなポイント。異性運が良くない場合、陰のある人が寄ってきやすいので、できるだけ暗い色は使わないようにしてください。

派手にするという意味ではありません。ファンデーションならあまり濃い色を使わず、アイシャドーでブラウンを使いたいなら、チークや口紅などで明るい色を足しましょう。ブルーやパールピンクなどを目元に使うと、明るく見えます。自分のメイクを見直してみて、やわらかい感じに仕上がったと思ったならOKです。

鏡で見るのとは少し印象が違ってきますから、携帯についているカメラなどで1週間くらい自分の顔を撮ってみると良いと思います。それで1週間分を見くらべてみて、「一番表情が明るくやわらかい」と思ったメイクをするといいでしょう。

要チェック！やってはいけない心霊対処法

①玄関に鏡を置く

鏡は、昔から神格化されてきた歴史がありますが、霊的に見てもやはり特殊なもの。「霊界や異次元とをつなぐ出入り口」であり、「さまざまな霊体がそこを通って出てくる」と言われています。もちろん、鏡はすべてが悪いと言うわけではありませんが、気をつけてほしいのは置く場所です。

玄関は人の出入りや気の流れを司るところであり、その家の要とも言うべき場所なので、ここに鏡を置くのはできるだけ避けたほうがいいでしょう。

マンションや建売住宅の場合、始めから玄関に鏡が備え付けられている場合がありま す。もし、気になるようなら、最初に住み始めるときに、お線香2本の煙を鏡の表面全体にまんべんなく当ててください。これで結界を張ることになるので、霊体が寄りつかなくなります。なお、トイレや寝室の入り口に置くのも、あまりおすすめできません。

また、あまり大きい鏡も、部屋には置かないほうがいいでしょう。姿見であれば、普段は布をかけておき、使うときだけ外すようにすれば安心です。

②交通死亡事故現場で手を合わせる

死亡事故現場の供花や立て看板の前を通りかかったとき

に、「あ〜、誰かここで亡くなったんだ。かわいそうに……」などと思いがちですが、実はそう考えるのは良くないことなのです。

まして、手を合わせるなどというのはもってのほか！

たとえ、そこに事故死した本人の霊体がいたとしても、自分が亡くなったことを理解できずに浮遊霊や地縛霊になっていることが多く、ほかの霊体も集まってきてしまい、「この人は同情して、話を聞いてくれるかもしれない」と、逆に憑いてきてしまう恐れがあるからです。

つらい思いをして亡くなったのだから、決して見世物のようにとらえず、前を通りかかっても、とにかく何も感心を持たないということを心がけてください。

③道路で死んでいる動物をかわいそうだと思ってしまう

車の運転中などに、ときどき見かける動物の死体ですが、これも死亡事故現場と同様に、無視しなければいけません。

その動物を自分におき変えてみたとき、自分が無残な姿で亡くなっているところなど、誰もみんなの目にはさらされたくないと思うでしょう。それと一緒で、動物の霊体でも同じことを感じるのです。

あなたにはたとえそれほどの悪意がなくても、その動物の霊体が憑いてきてしまうことがあるので、野次馬的な見方をしたり、「かわいそうに」などと思わず、何もなかったかのように通り過ぎるようにしてください。

また、田舎道などを自分が運転していて、どうしても避けられない状態で動物をひいてしまうこともあるでしょう。

この場合はどうしようとあまり思いを残さず、「ごめんね。私ができるのはここまでだから」と心の中で語りかけながら、できればほかの人に再度ひかれないような安全な場所まで死体を移動してあげてください。死体を触るのは怖いと感じるかもしれませんが、それが人だったら決してそのまま放置することはありませんよね。その考え方と同じなのです。

高速道路上なら、道路に設置してある電話を使って、道路公団に「今、○○をひいてしまったので、死体を回収してください」と伝えること。あとは、家に帰ったら、タイヤに粗塩と日本酒をまいて清めると良いでしょう。

別の人がひいた動物を自分もひいてしまったときも、やはり、家に帰ってからタイヤを清めれば大丈夫です。

④体調が悪いときに神社や寺院に行く

体調が悪いときや、病後の抵抗力が下がっているときは霊体に乗っかられやすいので、初詣といえども、神社や寺院に行くことはあまりおすすめできません。

寺院や神社の鳥居内は神聖な場所なので、そこに入ることができない悪い霊体が、浄化してほしいと周囲にいっぱい集まってきているのです。また、霊体はジメジメしたところを好むので、雨が降っている日など、湿気が多いときも行くのは控えたほうがいいでしょう。

海外に行って、観光名所となっているような寺院に行くときは、自分のお守りとなるような石や経本などを身につけて行くのがおすすめです。

　ただし、海外の場合も、体調が悪いときは避けたほうが無難。海外の霊体は、国民性からなのでしょうか、パワフルで過激なものが多いのが特徴です。「オレはこうやって殺されたんだ!!」「こんなとこに来たんだから、おどかしてやれ！」など、恨みや怒りをストレートにぶつけてくるので、憑いてこられるとやっかいなことになりかねません。

心霊写真への対処法

▼素人判断は危険！霊能者に相談するか、お寺でお焚き上げを

自分が持っている写真の中で、明らかに「心霊写真だろう」と判断できるものがある場合は、できるだけ霊能者に相談してほしいと思います。

とはいえ、誰が見ても心霊写真とわかるものは、それほど多くありません。判断を間違えてそのまま放っておくと、霊体にとり憑かれる恐れがあり、せっかくのご先祖様からの啓示をムダにすることにもなるので、自分だけの安易な判断はできるだけ避けてください。

霊能者に写真を見せたら、何か怖いことを言われるのでは……と不安な場合は、近くのお寺に持っていきましょう。そこでご住職に、「写真のお焚き上げをお願いします」と言えば、きちんとやってくれるので安心です。

なお、本や雑誌、テレビ番組などで目にする心霊写真の多くは、霊能者の監修がついています。除霊を済ませたものなど、悪いパワーをきちんと封印してから公開しているので、見ても特に問題が起きるようなことはありません。

▼こんな写真には要注意！人の顔が写っているものは…

その顔を見て、ご先祖様の中に似たような人がいないか、一度確認してみましょう。

似た人がいるなら、守護霊が写りこんだめずらしい写真ではありますが、悪いもので

はありません。
他人の顔だと明らかにわかり、何かイヤな感じを受けるような場合は、霊能者に相談するか、お寺でお焚き上げをしてもらってください。

手や足が消えているものは…

写真の中の手足が、片方もしくは両方消えて見えるという写真は、「事故に気をつけて！」などの先祖からの警告が、目に見える形となって現れた場合が多いです。
怖がるよりも、その消えた部分を使うスポーツは控える、車の運転には細心の注意を払うなど、しばらくの間は自分の行動に気を配ってください。

赤い光が写っているものは…

「恨みの思念」が写真に写りこむと、赤い光のように見えることがあります。
この場合は霊能者に頼んで、原因になっている人や物を突き止めておいたほうが安心できます。
ただ、単純に逆光や反射によっても赤く見えることがあるので、やたらに怖がらないようにしましょう。

もやがかかっているものは…

もやがかかっている場合は、そこに霊気が集まってきていることを意味し、その場所に関わる地縛霊が写りこんでいる場合があります。
具合が悪くなったり、頭が痛くなるということがなければ、単に通りかかった霊体が偶然写っただけのことなので、普通にお寺でお焚き上げを頼めば良いでしょう。

イラストで解説！

心霊写真ケーススタディ1

霊が写っている

結婚式での写真

人が集まるところには霊体が集まりやすいもの。

ただこの写真は女性のほうの先祖が多くの怨みを受けているため、邪悪な霊が幸せを妬んで集まってきています。

写真を横にしてみると、横分けで目を見開く女性も見えます。これは複数の霊体や動物霊の集合体が、女性の顔の形となって表れたもので、非常に強い念が感じられます。

この写真はとても危険。直ちにお焚き上げと供養が必要です。

イラストで解説！

心霊写真ケーススタディ2

体の一部分が消えている

この写真の男の子の頭が1カ所写っていません。前頭部が欠けて、見えるはずのない背景の木が透けて見えているかのように、写り込んでいるのがおわかりいただけると思います。
この場合は、先祖から、「写っていないところのケガや病気に注意して」という警告です。それと写真を撮った場所があまり良くないので、悪い霊体が集まってきていきます。このようなケースは要注意（お焚き上げなどが必要）。

イラストで解説！

心霊写真ケーススタディ 3
ぼやけたり、変な光が見える場合　A

右の写真は、一見何でもない写真のように見えますがかなり危険。
　女性の下半身がぼやけているのは、ピントがずれているためではなく、霊のしわざによるもので、下半身や婦人科系の病気にかかりやすいので注意が必要です。
　男性のほうは胸の前で組んでいる手に注目してください。ちょっとわかりにくいですが、動物のような仕草をし、普通では考えられない手の向きとなって写っています。
　これは、家の敷地内にもともとあったお稲荷さんが壊され、ちょうどその通り道に立っているので怒りを買ってしまったのです。お焚き上げとお稲荷さんの供養が必要です。

イラストで解説！

心霊写真ケーススタディ４

ぼやけたり、変な光が見える場合　B

右の写真は上部に白っぽいもやが見えますが、これは成仏していない地縛霊がたまたま写り込んだもの。写っている人に害はありません。気になるようであれば、お焚き上げを頼むと良いでしょう。

もやや変な光が写ったときの写真の見方は以下の通りですので、参考にしてください。

赤：怨みなどの強い念
青：地縛霊の可能性
白やうすい黄：浮遊霊などが多い

（色の出方によっても違うので一概には言えません）

霊能者によって判断の仕方が違い、同じ写真を見ても見え方や感じ方が違うので判断が難しいところです。

同じ赤でも濃かったり薄かったりで意味が違うので、不安に感じたら霊能者やテレビ局の心霊番組などに相談してみるのも良いでしょう（霊能者を紹介してくれることもある）。

自己判断は危険なので、くれぐれも気をつけてください。

SPIRITUAL
HANDBOOK

ウワサの真相！心霊に関するウソ・ホント

知っているだけでお役立ち！　心霊スポットやわら人形、合わせ鏡など、巷でよく聞くウワサや疑問はココで解決しておきましょう。

幽霊編

Q：幽霊って、いつもおどろおどろしい格好で出てくるの？

テレビや映画でよく見かけるのは、首がなかったり、血だらけや恐ろしい形相の幽霊ですが、実際はめったにそんなことはありません。目の前に見えたら拍子抜けするくらい、いたって普通の顔や格好をしています。こちらから呼び出したときは、殺された日の服を着てきてちゃんとわかりやすくしてくれるなど、霊体もきちんと自分だとわかってもらいたいという気持ちがあるのです。

ただ、昔の人は現代の人よりも、着るものに執着がありました。戦国時代などの武士は兜や鎧が代々伝わる家宝であったり、髪の毛がこんなに乱れるまで頑張って戦ったんだということを誇りに思っているので、戦いで殺されたときのままのおどろおどろしい格好で現れることがあります。

Q：有名な心霊スポット！　見に行ってみたいんだけど……

幽霊が頻繁に目撃される場所は、人がその場所に強い思いを残して亡くなったということ。どこに行けば浄化されるのかわからないのでそこにとどまり、自分の居場所だと認識しているので、知らない人が入ってくるのは、霊であれ、イヤがります。だから、興味本位にやって来て、夜中に土足で上がりこんで大騒ぎされたら、怒るのは当たり前。乗っかられてもしょうがないことなんです。もともとは生きていた人なのですから、「自分がされてイヤなことはしない」ということを、覚えておいてほしいと思います。

自殺の名所や他殺があった場所は、特に危険！　富士の樹海は遊歩道を歩くようにしさえすれば安全ですが、こういった場所には非常に強い恨みや怨念が残っていて、憑いてくる霊体の種類が違います。引きずりこもうとする霊もいるので、できるだけ行かないようにしてください。ただ、観光スポットのようになっている有名人のお墓に行くのは大丈夫。もともとみんなに騒がれていた人だったから、誰も来ないのは逆にさびしいと感じるのです。

Q：「わら人形」ってホントに人を殺せるの？

わら人形は、購入したり、作ったりした人の恨みの度合いによって、効果が変わってきます。今や、インターネットなどでも買える時代ですが、買ったときはただの人形。それに名前を書く、髪の毛を入れるなどして、「本当にコイツだけは許せない、殺したい」と思えば、その念の強さに応じて、相手に与える影響はゼロとは言えません。でも、意外と知られていないのが、恨んだ側も同じようにダメージを受けるということ。相手が事故に遭ったら、自分も事故に遭うなど、必ずしっぺ返しが来るようになっているのです。

大人になっても、生きていくうえで守るべきことは幼稚園で習うことと変わりません。「傷つけてはいけない」「いじめてはいけない」「悪いことをしたら謝る」……こういった基本的な部分が欠けてくると、悪い思念を生み出しやすいものです。

誰かを憎らしいと思ったとき、「なぜ、そんなに恨んでいるのか」もう一度、冷静に考えてみてください。そして同時に、人から恨まれることのないように、常に感謝の気持ちを持って生活できると良いですね。

わら人形
キット

インテリア編

Q：「ドライフラワーを部屋に飾るのは良くない」ってホント？

あくまで私の考え方ですが、ドライフラワーは動物の剥製と同じようなものだと思います。飼っていたペットをカリカリにしたまま、吊るしておくことは誰もしないですよね。動物の剥製は、もともと生きていたもの。それを命がなくなった状態でずっと置いておくと、気の流れが悪い方向に動きやすいのです。花だって、「きれいだね、かわいいね」と言い続けるときれいに咲くように、やっぱり同じ生き物です。

思いがつまった花なら、一番きれいに咲いた状態のときを写真に撮っておいて、枯れてしまったら、「きれいに咲いてくれてありがとう」と言って、捨ててあげると良いでしょう。きれいなときを覚えておいてもらうのが一番うれしいのは、人間も花も一緒です。

Q：「合わせ鏡」が良くないのはどうしてなの？

「鏡が割れたら縁起が悪い」というような言い伝えを耳にしたことがある人も大勢いると思いますが、鏡は古くから魔除けや呪術などに使われた〝特別なもの〟です。

現代においても、「鏡は霊界とこの世をつなぐ扉」だと言われ、合わせ鏡にすると霊体が通りやすくなり、現実にはない世界のものが映りこむ可能性があるので、部屋の中で対面に置くのはできるだけ避けたほうがいいでしょう。

女性の場合、後ろ姿を確認するためなど、ちょっとしたときに鏡を合わせて使うことも多いですが、特に夜中は霊体の活動がより活発になるので、やめたほうが無難です。

なお、鏡が割れてしまった場合は、ビニール袋にその鏡と粗塩を入れて、あとは普通に捨てればＯＫです。

Ｑ：「髪が伸びる人形」の話を聞いたことがあるけど、人形を部屋に置くのは良くない？

人形は〝ひとがた〟とも読み、人の形を模したものだから、中に霊体が入り込みやすいものです。普通に置いておくだけなら気にしなくても良いのですが、あまり思い入れを持って接しない方が良いでしょう。

子どもがかわいがったり、話し相手にしたりするのは、逆に守ってくれるので良いことです。ただ、特にかわいがっていた人形がいらなくなったときは、そのままポンと捨てるのではなく、ビニール袋に粗塩と天然水を一緒に入れて、「ご苦労様。今までありがとう」と言って捨てるか、お寺や神社の人形供養を利用してください。ぬいぐるみについては、特に気にすることはありません。

注意してほしいのは、アンティークの人形。外国では自分の子どもをモデルにして人形を作ることが多く、不慮の事故などでその子が亡くなったときにはその中に魂が入ります。そうとは知らずに買ってしまうと、人形が笑ったり泣いたりというような不思議な現象が起きるのです。

こけしや外国のお土産で多い木彫りの人形も、身代わりや魔除けとして作られたものなので、置く場所によっては災いをもたらします。できれば、家に置かないほうが良いでしょう。

Q：霊って、好きな色や嫌いな色があるの？

霊体が特に好んだり、嫌ったりするような色はありません。人間に置き換えてみたら同じことで、赤が好きな霊体もいれば、青が好きな霊体もいます。特定の色を身につけておけば、霊体が寄ってこないというような色も残念ながらありません。

なお、「ラッキーカラー」というのは霊能者が判断すべきものではなく、みなさんそれぞれが決めるものです。小さなころから気づくと必ず選んでいるようなお気に入りの色があると思いますので、その色を「自分のラッキーカラー」として身につけるようにすれば、自然と心を落ち着けてくれることでしょう。

買い物・旅先編

Q：「アンティーク家具には霊が憑いていることが多い」ってホント？

レトロな感じがかわいいからと、アンティーク家具を好む人が多いですが、購入するときは十分に気をつけてほしい物の一つです。

知り合いでアンティークの鏡台を買った人がいましたが、届いたときに鏡が割れていたので、再度、鏡だけ変えて配送してもらいましたが、届いたときにまた割れていたという話がありました。

これは鏡台に悪い霊が憑いていたのですが、購入した人の守護霊が強かったため、それを部屋に置かないようにわざと鏡を割ってくれていたのです。

家具はもともと生きていた木で作られたものであり、高価なものほど大切に扱われていたので、人の思いが入りやすいもの。買うつもりはなかったのに、見たとたん、「どうしてもほしい」「すぐにでも持って帰りたい」と思った家具の場合は、注意が必要です。家具に憑いている霊体に逆に魅入られてしまっているので、自分の守護霊のほうが弱いと、部屋に持ち帰ったときに自分のパワーを吸い取られてしまうのです。

アンティークものを買う前には、どうしてそんなにほしいのか、一度家に帰って再検討するようにしてください。そのほか、車や宝石など、人が思いを残しやすい物は、できれば中古で買わないほうが良いですね。

使いこんだような古い書物なら、読む前に表面を粗塩で清め、お線香の煙を軽く当ててから読むと良いでしょう。

Q：お土産でよく売っている「パワーストーン」って効き目がある？

パワーストーンには、それを持っている本人の力を外に引き出してくれる力があるので、お守り代わりに持っておくと良いアイテムです。おすすめは水晶ですが、土産物屋で売られているのはただのガラス玉であることも多いので、信頼の置けるお店で買うほうが良いでしょう。

ただ、石はまったく加工されていない天然のもののみ、効果があります。形が加工されているものは何も意味を持たなくなる、ということを覚えておいてください。

Q：「海や山から、むやみに石を持ち帰って来ちゃいけない」ってホント？

海や川、山は不慮の事故で亡くなる人が多く、その人の思いが石に焼きつけられていることがよくあります。それを持ち帰ったら、霊体を解き放ってしまうことになり、さまざまな心霊現象や霊障を引き起こすきっかけとなってしまいます。自然界にあった石は、できるだけ持ち帰らないほうが良いでしょう。

もし、石を持ち帰って以来、自分や家族などの身の回りにおかしなことが続くようなら、霊能者などの専門家にきちんと相談するようにしてください。

SPIRITUAL HANDBOOK

あとがき

～スピリチュアルな世界と上手につき合っていけば、素敵な人生が広がる～

霊体というのは、数に差はあれど、どこにでも存在するものです。だから、あまり怖がる必要はないのですが、中には悪さをする霊体がいて、心霊現象や霊障を引き起こし、原因不明の出来事や体調不良で真剣に悩んでいる方が大勢いらっしゃいます。

そういった人たちの不安を取り除き、手助けをするために、霊の言葉を伝達できる私のような霊能者たちがいます。ただ、霊能者というのは何もかもを解決できるような魔法使いではありません。私にできるのはジャマな部分を取り除いてあげることだけで、「良くなりたい」というみなさんの強い気持ちがなければ、状況を変えることができないのです。

本書では、さまざまな心霊現象や霊障に対処するための方法を記しましたが、悪い霊体の影響を受けず、幸せな人生を送っていくために、私たちにできる最も大切で基本となることが2つあります。これをみなさんにお伝えして、あとがきに代えたいと思います。

まず1つ目は、私たち自身が悪い霊体を作り出さないためにできること。これは、一握りの人にしかできないような難しいことではありません。「人を裏切らない」「人がイヤがることはしない」「人のために何ができるか考える」「人の立場に立って行動する」……。

小さいころから言われているような、ごく当たり前のことを心がけながら毎日を過ごすことで、恨みの念が作り出されないようになります。これが結局、悪さをしようとする霊体を作り出さないことにつながっていくのです。

2つ目は、自分の守護霊の力を強くするということです。たいていの人には、ご先祖様が守護霊としてついてくれているので、ご先祖様を敬い、お墓参りをすると、あなたを守ってくれる力が強くなります。

また、何か困ったことがあったときには、亡くなったおじいちゃんやおばあちゃんなど近しい家族のことを思い浮かべ、語りかけてください。「愛するものを守る」という力は、たとえその人が亡くなっていたとしても消えることはなく、とても大きな力を持っているのです。
そして最後に、みなさんが信頼のできる霊能者に出会えることを、心より願っています。

スピリチュアルカウンセラー　山口　彩

【著者プロフィール】

山口　彩（やまぐち・あや）

1960年２月１日神奈川県生まれ。５歳の頃から“霊”の存在に気づき始める。友人・知人の相談相手をしているうちに噂を呼び、その道に興味を持つ。その後、“霊”の研鑽を重ね、人生相談をしていくうちに、悩み事を抱えて暮らしている人の多さを目の当たりにし、霊能者として独立を決意。「正霊会」を設立し、個人・法人の相談に務めている。

主な出演TV＊「Ｆ２スマイル」(フジテレビ系)、「爆笑問題のバク天！」(ＴＢＳ系)、「ＵＳＯ!? ジャパン」(ＴＢＳ系)、「スクランブル」(テレビ朝日系) など。
その他メディア＊「Tokyo FM」「J Wave」「Bay FM」「山形放送」などのラジオ局に多数出演。
「ＳＰＡ！」、東京スポーツ『いたこ通信』など、雑誌・新聞等にも多数掲載。

連絡先「正霊会」　湯河原相談所
静岡県熱海市泉234−139　TEL：0465−62−3378

SPIRITUAL
HANDBOOK

お守り

■家・部屋用

〜壁または柱に貼ります〜

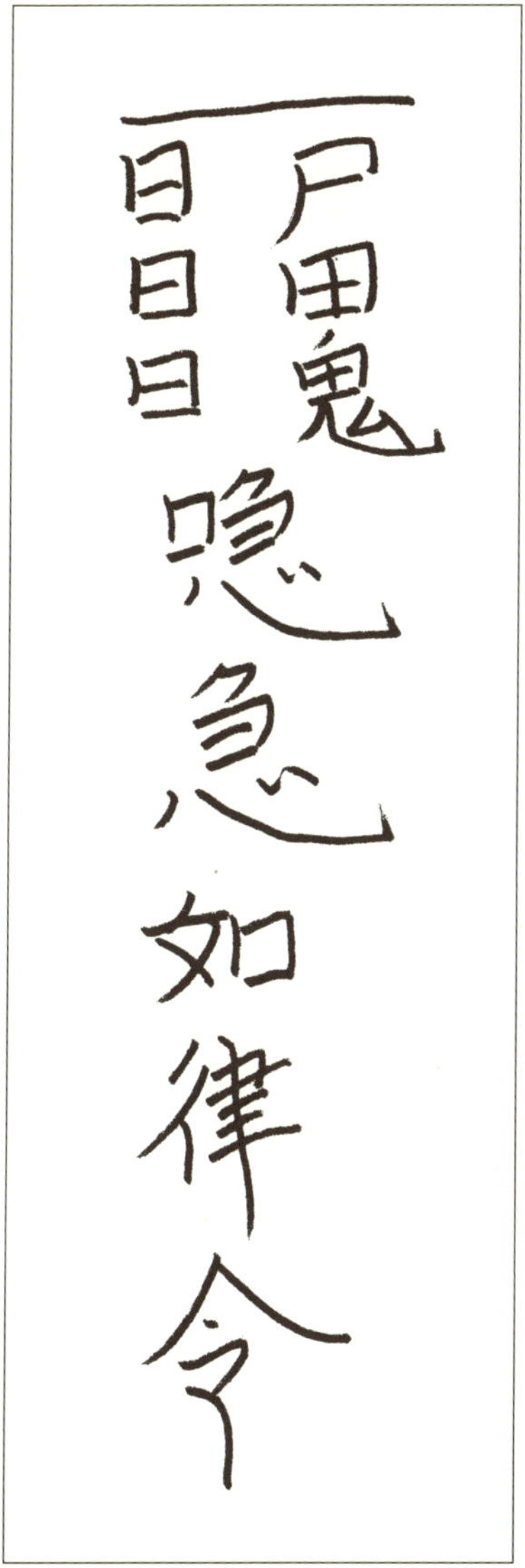

■外出用

～出かける時に携帯します～

万が一、このお守りが破れたとしても、問題はありませんので、どうぞご安心下さい。

※切り取ってお使いください。
カバーのソデ（折り返し部分）にも付いていますので、そちらもお使いください。

あなたの運気が変わる!!

スピリチュアル・ハンドブック

2005年9月19日　　初版第1刷発行

著者 ◆ 山口 彩
編集 ◆ 清水麻衣・鈴木 実
編集協力 ◆ 勝見雅江
イラスト ◆ 関上絵美

発行者 ◆ 籠宮良治
発行所 ◆ 太陽出版
〒113-0033 東京都文京区本郷4-1-14
TEL 03-3814-0471
FAX 03-3814-2366
http://www.taiyoshuppan.net/

印刷 ◆ 壮光舎印刷株式会社
株式会社ユニ・ポスト
製本 ◆ 有限会社井上製本所

ISBN 4-88469-426-0